LGBTと労務

社会保険労務士 手島　美衣
弁護士 内田　和利
長谷川博史

労働新聞社

本 の は じ め に

「LGBT に対して労務管理って特別に何かする必要があるのでしょうか？」

という質問を受けることがあります。
　その答えは何かしなくてはいけないという意味ではする必要があり Yes です。他方で「特別に」という意味では No でもあります。

　No である理由は「働く」ということの価値観は変化し、それにあわせて法律も変化してきているからです。

　その変化した法律とは、2019 年 4 月より順次施行された「働き方改革関連法」と 2020 年 6 月より施行された労働施策総合推進法の改正によるパワーハラスメント防止対策です。

　働き方改革関連法の目的は、働く方の置かれた個々の事情に応じ、多様な働き方を選択できる社会の実現です。
　この背景には、少子高齢化に伴う人口減少による人手不足や働く人のニーズの多様化があります。
　これは、裏を返すと企業活動の永続のためには、働き方改革を行わないと危ない！という政府からのメッセージであり、日本におけるダイバーシティ＆インクルージョン（D&I）に通じることだと筆者は考えます。

　パワーハラスメント防止対策については、企業におけるパワハラ対策の義務化がされました。
　その具体的例示の中には、性的指向・性自認に関し精神的攻撃を与えること、本人の同意なくその人の性的指向・性自認を他者に伝えるアウティングについても、パワーハラスメントに該当するということが明記されました。

　制度と風土の両輪がそろってやっと職場環境の変化に繋がります。
　たとえば、有休の年 5 日取得が働き方改革法で義務化されましたが、有休が取得しにくい社内風土だと有休消化率は思うように上がらないように、活

かせる風土がなくては、残念ながら法律順守も働き方の変化も起こりにくいままです。

　では、企業はどのように対応していけばよいのでしょうか？

　本書では、LGBT を切り口に多様性あふれる時代における労務管理を述べていきたいと考え、第 1 章において歴史的背景からみる性の多様性を、第 2 章ではハラスメント対策、労務管理を、第 3 章では制度づくりの基本である社内規程例、第 4 章では労務管理の場面で想定される事例をもとにケーススタディを、第 5 章では LGBT に関連する裁判例、第 6 章では企業での取組をご紹介しています。

　本書が、皆様の労務管理のお役に立てれば幸いです。

2021 年 3 月
著者一同

第1章　性の多様性

第2章　職場における LGBT 施策と労務管理

目　次

第3章　規程例

第4章　ケーススタディ（LGBTと法務）

第5章　関連裁判例

第6章　企業インタビュー

その他

Column

第1章

性の多様性

LGBTとは

第1 │ LGBT の意味と歴史

1　LGBT は多様な性を象徴する言葉

　LGBT はレズビアン（Lesbian：女性同性愛者）、ゲイ（Gay：男性同性愛者）、バイセクシュアル（Bisexual：両性愛者）、トランスジェンダー（Transgender：性別越境者）の頭文字から付けられた性的少数者の総称を表しています。そしてこの他にも多様な性の有り様(sexuality：セクシュアリティ)があります。

　LGBT という呼び方はあくまでも多様な性的少数者を表す便宜上の言葉でしかありません。人間の性の有り様（セクシュアリティ）はもっと多様です。詳しくは後に説明しますが、ここでは便宜上 "LGBT は性的少数者を象徴的に示す言葉" と理解しておいてください。

　また、セクシュアリティの科学的研究が進む以前は、男性同性愛者だけではなく女性同性愛者をも含めて "ゲイ" と呼んでいた時代がありました。20世紀に入って性に関する科学的な研究が進むに連れて、LGBT 以外の性的少数者の存在にも焦点が当てられるようになりました。

　まず、キリスト教文化の影響の強い欧米の社会で同性愛は長い間病理とされてきた歴史を持っています。同性愛を表す絵などを示すと同時に不快な電気信号を送るといった同性愛に対する嫌悪療法等の非人間的な治療が施された時代もありました。我が国における明治維新の西洋化政策でも、キリスト教の影響を受け "同性愛を不自然で非人間的な行為" としてタブーとするようになりました。それはアメリカ文化の影響を強く受けた戦後の日本でも変わりませんでした。そのせいか近代に入った日本において同性愛やトランスジェンダーに関する記述は極端に少なくなります。

2 性的少数者の現代

　20世紀後半になると性的少数者として同性愛者の権利運動と性科学等の学術研究が進みました。そんな中で当事者の受け止め方も少しずつ変化して自らのセクシュアリティを肯定的にとらえるようになっていきます。世界的にはナチスによるゲイ弾圧の反省から、女性解放、人種差別撤廃、ゲイ解放という一連の公民権運動の結果として各地でゲイ解放の気運が高まりました。

　"ここに至る大きな流れは「同性愛を犯罪または宗教的罪とした時代」「病理とすることで脱犯罪化を図った時代」を経て現在の「病理ですらなくなった時代」に到達したといえます。"(yomi Dr. 2016年2月18日永易至文)

　このような文化的背景の中で第二次世界大戦後LGBT解放の気運が沸き上がります。ヨーロッパにおいてはナチスによってピンクの三角形マークを付けられた性的少数者がガス室に送られた事実への反省として、性的少数者への理解とノーマライゼーション（普遍化）の運動が進みました。またアメリカにおいてはサンフランシスコやニューヨーク等の大都市にゲイコミュニティが生まれ、その権利運動が興りました。そして、ついに1977年ハーヴェイ・ミルクがサンフランシスコ市議となり合衆国で最初のゲイを公表した市議会議員が誕生しました。

　一方ニューヨークにおいてはストーンウォールというLGBTが集るバーへの警察の介入に対する抗議を契機として、ゲイパレードが始まりました。現代ではこのパレードが世界中に広まり、日本の主要都市でも様々な形でLGBTを始めとする性的少数者とその支援者によるパレードが実施されています。

　そして長い間、同性愛行為を病理として来た精神医学でも1990年にWHOが国際疾病分類第10版（ICD10）で同性愛を疾病リストから除外し、さらに2018年に採択された第11版（ICD11）では性同一性障害の疾病概

念も廃止され、医学的にも LGBT などの少数者がすべて病理ではなくなりました。

　一方、日本の法規定では性別変更の手術は、性別違和感を訴える人（患者）の疾患とその治療行為という枠組で構成されており、性別変更をする際にはあくまでも医学的な判断がなされ治療行為という形をとらなければなりません。

3　日本の歴史の中の多様な性

　我が国においてその主な宗教である神道や仏教では同性愛をタブーとしておらず、トランスジェンダーも古くから多くの文献に登場しています。中近世においては「小姓」や「念者」「若衆」等として男性同性愛関係も記録として残り、これらが当時の日本社会において様々な形で受け入れられていたことがわかります。

　しかし風俗史に頻繁に登場し可視化され記録として残ってる記述の多くは、男性から女性へのトランスジェンダー（MtF トランスジェンダー）か男女の性役割に類した関係を示した同性愛関係でした。それ以外にも女性の同性愛や成熟した成人男性同士の性愛、そしてトランスジェンダー男性（FtM トランスジェンダー）の存在は確実にあったものの、それらは "ほのめかし" や友情といった言い換えで語られることが多く、史実としての確証は多くありません。

　さらに明治維新による西洋化や戦後のアメリカ文化の流入で欧米のキリスト教文化の影響を受け次第に性的少数者が病理として考えられたり宗教的なタブーと捉えられるようになりました。

　しかし戦後日本に流れ込んで来たのは LGBT に抑圧的なピューリタニズムの精神だけではなくアメリカの自由な気風や文化も同時に入って来ました。その中で日本のゲイコミュニティやゲイ文化が生まれます。さらに 1960 年

代には全国各地にゲイを対象とする飲食店や商業施設が増えていきました。

　日本の性的少数者に関する法制の最大の転換点は 2003 年（平成 15 年）に成立した「性同一性障害者の性別の取扱いの特例に関する法律」です。トランスジェンダーが限定的ではありながらも特定の要件を備えている場合、戸籍上の性別を変更することが法的に可能となりました。同時に国内で女性から男性への性別変更手術が行われるようになりました。ここに至って女性から男性へのトランスジェンダー（FtM トランスジェンダー）の存在も一気に可視化されました。

Column レインボーフラッグ

　LGBT をはじめとする多様な性の象徴としてレインボーフラッグが用いられています。この多様性を示す虹の旗はギルバート・ベイカーによって 8 色のデザインで考案されのちに 2 色が外され現在の 6 色（赤、橙、黄、緑、青、紫）のデザインになりました。この 6 色の虹の旗は世界中で使用され性的少数者のプライドを示しています。

（長谷川）

赤
橙
黄
緑
青
紫

第2 | セクシュアリティ

1　言葉はその社会の文化や精神性を表す

　性的少数者を示す言葉の中には現在差別的とされている呼称が少なくありません。差別的呼称は使われる文脈や状況にもよるのですが、現在では差別的として使用されなくなった言葉もあります。例えば「ホモ」「レズ」といった短縮系は「ホモセクシュアル」「レズビアン」という学術的な呼称を短縮したものですが、長年侮蔑的に使われて来たためにほとんどの当事者が不快に感じる言葉となり、現在では公に使われる言葉ではありません。現在、同性愛者は「ゲイ」「（短縮したかたちではなく）レズビアン」と呼びます。また「ゲイ」は元来"陽気な"という意味で当事者が自ら使うようになりました。

　さらに「おかま」「おなべ」という言葉もまた古くから揶揄的に使われた差別語で、正式な場面や文書では使用されることはありません。生まれ持った性別は関係なく現在のジェンダーで「トランスジェンダー男性」「トランスジェンダー女性」という呼称が一般的に使用されています。

2　セクシュアリティは変更できない基本的人格の一部

　セクシュアリティという言葉は耳慣れないかもしれません。それは日本の学校教育ではほとんど触れられて来なかったからです。しかしLGBTなどの性的少数者には、これこそが大きな問題です。特に思春期にさしかかって自分の恋愛対象や性的対象が他の人たちと異なることに気づき悩むレズビアンやゲイ、バイセクシュアルも多数います。また、トランスジェンダーは生物学上の性に自動的に振り分けられ割り当てられた制服を着ることが苦痛で、自分とは異なる性の服装を身につけたいと思ったり、出席簿の振分けに違和

感を覚えたり、安心して学校生活を送ることができていません。それは自分が生まれ持った性別とは異なる性が本来の自分であると感じているからです。

　これは自分の性がいかなるものかという LGBT などのマイノリティが等しく直面する問題です。特に役所の書類から街中のトイレまで、そして洋服のデザインやデパートの売り場まで男女に二分されています。つまり、社会は生まれもった性とは異なる性で生きたいと願うトランスジェンダーについて、その存在すら想定してこなかったのです。

　一方、異性愛で性自認が生まれた時に割り当てられた性と異ならない人たちは、男女に二分化された社会のシステムを"当たり前のこと"として何の疑問も持ちません。少なくともこのようなジェンダーの問題を考える機会もありませんでした。

　つまり、LGBT など性的少数者は自分の性が他の友人達と違っていることに気づいたときから悩みが始まります。思春期には大人に相談しても十分な性教育を受けていない日本では、ほとんどはこういった性の問題（性行為ではなくてセクシュアリティの問題）について無知です。だから子どもから相

Column ✏️ **ゲイとおねぇ**

　最近 TV 等で目にするいわゆる"おねぇ"の人達について、これはかつてゲイがゲイとして生きる術がバー等の接客業しか無かったような時代にお互いを"お姉さん"と呼び、自らを"おねぇ"と称したことに始まります。そして言語表現も女性性を強調したいわゆる"おねぇ言葉"が使われます。これらは男ジェンダーでもなく女ジェンダーでもないゲイ文化独自の表現となっています。

（長谷川）

談されても、それは思春期特有の一時的なことだと問題を先送りし、まともなアドバイスを与えることができません。最悪の場合は、それを "異常" だと決めつけて治療を施そうとします。

　それは、長い間生物学上の男女が恋愛感情も性的欲求も異性にむかうという異性愛モデルが普通で、それ以外のセクシュアリティは異常な病理だと考えられてきたからです。先にも述べたように 20 世紀終わりに欧米では同性愛者やトランスジェンダー等、性的少数者の権利運動が世界に広がっていきました。

　これが現在の同性パートナー制や同性婚を求める動きへとつながり、2000 年にはオランダが世界に先駆けて同性婚を法的に認めました。

(3　人間の尊厳の問題としての性)

　人間の "性" は遺伝子レベルでの性差である「生物学的性（sex）」、自らが認め表現される社会的・文化的性を意味する「ジェンダー（gender）」、そして性愛の対象となり性的欲求が向かう性を「性的指向（sexual orientation）」といい、これら人間の性の有り様の総体をセクシュアリティ（sexuality）といいます。

　さらに性的少数者はこれまでにも述べたように LGBT に留まらず、性別が不明あるいは意図的に未決定のクエスチョニング（Questioning）、誰に対しても性的欲求を持たないアセクシュアル（A-sexual）といった人たちも存在し、さらにこれら以外にも自分を男女の枠に当てはめたくない X ジェンダー（X-gender）、セクシュアリティが流動的に変化するフルイド（Fluid）といった LGBT 以外の性的少数者が存在します。そこで、最近ではこれらの性的少数者を示す言葉としての Q（Queer）の文字を加えて LGBTQ という表記もよく用いられます。

　これら人間のセクシュアリティを決定する要因は次の 3 つから構成されま

す（図表1）。
  1. 生物学的性（sex）－身体の性
  2. 性自認および性表現（gender identity & gender expression）－ジェ
    ンダー
  3. 性的指向（sexual orientation）－性愛の対象となる性

　これは人間のセクシュアリティをそれぞれに異なる局面で理解するもので
す。さらにどのようなものに性的魅力を感じるかといった、いわゆる性嗜好
（sexual preference）をも含む総体として考えるべきかもしれません。

図表1　　性はグラデーション

セクシュアリティの3要素
※性の組合せは多様

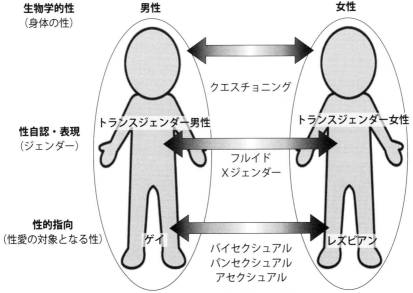

※分かりやすさを目的とした図のため、男女の性で表しています。
※性自認・表現のみならず性的指向を決められない場合においても、クエスチョニング
　と表現する場合もあります。

　最近セクシュアリティを解りやすく説明するために 1. 身体の性／2. ジェンダー／3. 好きになる性という表現も使用されています。ここで注意したいのはジェンダーに関しては "思う・感じる性"（自認）だけではなく、表現される性（gender expression）も含まれるべきと考えられます。

　また人間が考える男性性や女性性は時代や社会・文化によって変わります。そういった不確かな男性性や女性性に私たちの多くは縛られているのです。

Column　ゲイタウンの発達

　男性同性愛者やこれらの人々を含む MSM（Men who have Sex with Men）の存在も戦後の自由な雰囲気の中で急速に増えていきました。戦後間もなく新橋にはゲイバー（この当時は女装の男性が接客する形態）が複数登場し、1950 年代に入ると新宿に非女装系の男性同性愛者を対象としたゲイバーが開店しました。さらに 1957 年の売春防止法の施行を機に廃業した風俗店の後にゲイバーが開店するようになります。

　新宿 2 丁目のようなゲイ（男性同性愛者）を対象としたゲイタウンは日本中に存在し、ゲイを対象としたバー、ショップなどの商業施設の数は全国で 1000 軒近くといわれています（海鳴館「男待ちマップ」掲載）。

　こうした男性同性愛者を対象としたバー、スナック、旅館、ショップ（小売店）などの商業施設が全国の主要都市に存在する一方、レズビアンや FtM トランスジェンダー（トランスジェンダー男性）を対象とした商業施設やメディアは極めて少数で、その背景には日本社会の女性蔑視の傾向やそこから生まれる女性の経済的脆弱性があると考えられます。　　　　　　（長谷川）

第3 それぞれの性

1 生物学的"性の多様性"

生物学的性（sex）は生来的な遺伝子やホルモン等で認められる性差です。その性差は細胞核の中の染色体という物質によって決定します。染色体は人間の細胞では通常 46 本あり、そのうちの 2 本が男女の性別を決める性染色体と呼ばれるものです。これには X 染色体と Y 染色体があり、女性の場合は X 染色体が 2 本、男性の場合は X 染色体と Y 染色体が 1 本ずつという形で性差が生まれます。この遺伝子によって男女の肉体的な差異が形成されます。しかしこの遺伝子レベルでも男女は単純に二分化されず、XXY や XXXY、XYY という組合せの性染色体を持つ人もいます。

生物学的性はこうした染色体やホルモン等の差異によって人の身体的差異が生まれます。それは思春期に達する頃に顕著に表われます。その性差は外形的変化だけでなく生殖能力にも大きく男女差が生まれます。これらの性差は女子で 10 歳前後、男子で 12 歳前後から顕著になって、性的に成熟する過程で男女の身体的差異がみられます（第二次性徴期）。

2 性的指向

レズビアン、ゲイおよびバイセクシュアルなど性的指向（sexual orientation）はその性愛や性的欲求が同性や双方の性に向かう人のことをいいます。しかし性的指向に関しては性愛の性欲そのものが無いアセクシュアル（A-sexual）や対象が流動的なフルイド（Fluid）、特定のセクシュアリティでは無く全般に向かうパンセクシュアル（Pan-sexual）などが存在し、さらに多様です。

　ここで注意したいのは、同性愛が異性愛の関係性を模倣したものではないということです。同性愛の関係は必ずしも "男役／女役" のような対の組合せとは限りません。単純に恋愛や性欲の対象となる性的指向（嗜好ではないことに注意）が同性に向かうだけです。そしてそのジェンダー（男らしさ／女らしさ）表現は通常生来の性のままです。ゲイにおいては、むしろファッションや行動様式などは同質の者同士魅かれ合うこともよくあります。

　ここでもう一度 "性はグラデーション" ということについて考えてみましょう。この場合の性はジェンダーでも性的指向や性的嗜好でも同じですが、たとえば LGB にとって重要な性的嗜好、つまり性愛の対象となる好みのタイプについて考えてみます。「どんな人がタイプか？」という問いは極めて主観的で曖昧です。その問いに対する答えも曖昧にならざるをえません。ここからここまでと客観的に線引きができるものではありません。さらに装束や化粧や行動なども性を強調する要素ではありますが、これらは時代によって変化する "男らしさ／女らしさ" でもあります。さらに女性の場合はその関係性に、そして男性の場合は視覚的要素にこだわる傾向がありますが、それでも性愛の対象はここからここまでと断定することはできません。つまり性は虹のように多様で境界の無いグラデーションの世界なのです。

　性的指向は思春期の若い人たちには重大な問題なのですが、現在の日本の性教育ではこれら性的少数者の問題に触れられることはほとんどありません。また "性的指向" はよく性的な行動に関する具体的な好みを意味する "性的嗜好（sexual preference）" と混同されますが、これは性の対象や性行為の好みに関するものです。性的少数者はその恋愛やセックス等の性的関心や行動の対象が異性愛者と異なります。その中で性的関心が同性に向かう場合をゲイ（gay）とレズビアン（lesbian）といいます。いわゆる "性愛の対象となる性" の問題です。

3 LGBとT

　この本の始めにLGBTは便宜上の言葉だと説明しました。もっと明確にいうなら政治的な連帯のために生まれた言葉なのです。性的少数者が社会的少数者であることからその政治的主張を広く社会一般に理解してもらうための、あるいは政治的な行動を起こすための連帯の言葉として使われ始めたものです。

　しかしこの言葉には誤解されやすい落とし穴が存在します。ひとつは先に述べたようにLGBT以外にもさらに多様なセクシュアリティが存在すること。もう1点はLGBとTの間にも重要な差異があることです。

　LGBは性的指向を指す言葉でTは性自認あるいは性表出を示す言葉だということです。わかりやすくいうとLGBの性的指向は自分の視点で性愛の "相手の性別" を問題にします。それに対して、Tの性自認は "自分の性別" を問題するものです。

4 自認されるジェンダーと表現されるジェンダー

　ジェンダーとは社会的・文化的な性のことをいい "男らしさ／女らしさ" を意味します。
　元々この言葉は言語学の概念で、ラテン語やフランス語で名詞に付与された男性名詞／女性名詞の概念が社会的・文化的な文脈でも使用されるようになりました。さらに医学・心理学の分野では性に関する自意識や自己認識と理解します。

　トランスジェンダーは最も古くから認知されていた性的少数者である一方、現代では最も社会の理解が遅れたセクシュアリティだともいえます。日本では女装した男性が神と人とをつなぐ巫女として存在した時代があります。そして同様の風俗はインドのヒジュラなど世界中に散見されます。しか

23

し、世界の欧米化が進むと同時にキリスト教の影響が強くなり、次第にトランスジェンダーの存在は希薄になってきました。そして、現代社会ではトランスジェンダーは LGB などの性的少数者と共存しつつ、社会に埋没することのないよう解放運動を継続してきました。

　主にトランスジェンダーの課題は 2 つに分けられます。一方は自分の性別をどのように認識するかの性自認（gender identity）で、もう一方は自分が習慣や服装等でどのような性表現をするかのジェンダー表現（gender expression）です。ジェンダー表現は髪型、化粧、服装、行動様式（ふるまい）などその国や地域の文化によって規定されます。そして、生物学的に女性として生まれる一方で、自分を男性として認識する人を FtM トランスジェンダー（トランスジェンダー男性）といい、その逆が MtF トランスジェンダー（トランスジェンダー女性）です。ただしこの場合、必ずしも性別変更手術による肉体の男性化／女性化は条件とされません。つまりトランスジェンダーの課題は自分の性別をどのように認識するか、どのように表現して社会生活を送るかなのです。

5　社会制度とトランスジェンダー

　しかしながら、現在の社会では戸籍をはじめ様々な物や場所が男女二分制になっています。また生まれたときから男児用／女児用はブルーとピンクに塗り分けられ、行政の文書でもやたらと男女いずれかに○をつけさせられます。さらにトイレや病室等、空間そのものも当たり前のように男女に二分されます。こんな中で生まれ持った性に違和感をもつ人たちは、様々な生活場面で困難に直面します。

　トランスジェンダーが自分のセクシュアリティに気づく時期は多様で、就学前の幼児期の人から成人後の人までいます。

　トランスジェンダーは自分が生まれもった性（生物学的性）に違和感をもっ

たからといって、即座に自らのジェンダーを男性から女性へ、あるいは女性から男性へと切り替えられるわけではありません。周囲にトランスジェンダーのモデルが少なく、自分自身のジェンダーにも気づきづらいのです。また幼児期から実社会で刷り込まれた男女二分制の習慣や刷り込まれた価値観は根強く、自分が本来望んでいるジェンダーを受け入れるにも時間がかかります。

　現在の日本では性別変更の自由は無く、"性同一性障害"という病気としての診断がつかない限り性別変更の手術は受けることができません。さらにその際「現に未成年の子どもがいないこと」など「性同一性障害者の性別の取扱いの特例に関する法律」（いわゆる「特例法」）で、性別変更手術には厳しい条件が付けられています。

【日本での性別変更手術の要件】
１．２人以上の医師により、性同一性障害であることが診断されていること
２．20歳以上であること
３．現に婚姻をしていないこと
４．現に未成年の子がいないこと

【戸籍変更要件】
１．生殖腺がないこと又は生殖腺の機能を永続的に欠く状態にあること
２．他の性別の性器の部分に近似する外観を備えていること

（「性同一性障害者の性別の取扱いの特例に関する法律」2条、3条より）

　しかし、この法律によって性別の変更を公的に認められるトランスジェンダーは一部でしかありません。つまり社会的・心理的に問題である性別変更の問題を身体や病理の問題であるかのように矮小化しているともいえます。個人の性別変更によって失われる公的利益は何があるのでしょうか？

　性別選択の自由を認めた場合には民法、民事訴訟法、戸籍法、刑事訴訟法

等に個別の変更が必要になります。そこで性別変更は特例として限定的に認められるべきという考え方で、現在の「性同一性障害者の性別の取扱いの特例に関する法律」が制定されました。しかし、自分がありたい性別で生きることは憲法で保障された人間の尊厳に関わる問題です。このどちらを優先させるべきか今後議論されなければなりませんが、現状の特例法では多くのトランスジェンダーの社会的現実的問題を救済できていません。

　さらに世界保健機関（WHO）は「国際疾病分類第11回改訂版」（ICD-11）においてジェンダーに生まれ持った性別との不一致がある状態（gender non-conforming）を「精神疾患」とする記述から削除する決定を行いました。ここに至って「性同一障害」という疾病概念に照らし合わせて、さらに医学的な処置を条件としてのみ性別の変更を認める日本の法制と、国際機関を含める世界の趨勢とは大きく乖離していきます。このような傾向に対して日本の裁判所（あるいは日本社会）がどう判断していくかが注目されます。

6　様々なジェンダー自認

　最近ではジェンダーを単純に男／女の二分制でとらえない考え方もあります。性自認が流動的に動くフルイド（fluid）やもともとジェンダーがないアジェンダー（agender）などがあるためです。

　社会がいつも固定的なものでは無いのと同様に、ジェンダーという社会・文化的性もまた流動的なものだといえます。このように多様なセクシュアリティを科学的に扱う学術領域を性科学（Sexology）といいます。これは医学や心理学、社会学など研究領域が多岐にわたる学際学的な科学的知見であり、比較的新しい研究領域でもあります。

Column 📝 同性婚

"日本でも同性婚って認められる自治体もあるんですよね?"

同性婚の話を切り出すと、こんな言葉を聞くことがあります。結論をいえば、日本では同性婚が認められていません。

自治体の中では、パートナーシップ制度を導入する自治体が増えてきています。2015年の渋谷区や世田谷区を皮切りに、現時点(2021年3月1日時点)では、78自治体まで拡がっています。今後導入予定の自治体もありまして、ますます増えていくことが予想されます。

このように自治体単位で拡がっているパートナーシップ制度ですが、これは自治体が、主に同性カップルに対して、二人のパートナーシップが婚姻と同等であると承認するものです。これによって、公営住宅への入居や、生命保険の受取人指定、携帯電話の家族割、航空会社でのマイル共有などが認められるようになったり、社内の福利厚生に同性パートナーを含めたりする企業も増えています。

他方で、パートナーシップ制度には直接的な法的効力がなく、「婚姻」ではありませんので、これのみでは相続などの問題には対応できません。

そこで、同性婚(=戸籍上の性が同性である者同士の婚姻)が必要とされ、約8割が同性婚に賛成との調査もあります。他方で、婚姻は(戸籍上の)男女に限られるといういわゆる「伝統的な婚姻観」との関係で根強い反対論もあります。

　ここでは、紙面の関係上、法的な検討は控えますが、私自身は、同性婚の法制化は、憲法改正なくして実現できると思いますし、待ったなしの課題になっているとも思います。

　婚姻が唯一の選択肢ではありませんし、婚姻することだけが人生における幸せの形であるとも思いませんが、自分の意思によって変えることができない性自認や性的指向によって、人生の選択肢が制限されることを正当化することはできないと思います。

　ただ、同性婚を法制化することはこれまで体験したことのない未知な事柄ですから、それに対する不安を感じる方がいても不思議なことではありません。そのような不安を感じている方との対話も忘れてはならないことだと思います。

（内田）

第2章

職場における
LGBT 施策と労務管理

　職場における LGBT 施策と労務管理については、ハラスメント防止対策と多様性に対応した労務管理、そしてそれらに付随する社内制度の整備があります。

> 1．ハラスメント防止対策
> 2．多様性に対応した労務管理
> 3．社内制度の整備

　これら 3 つのポイントは、2020 年 6 月から義務化されたパワーハラスメント防止措置（中小企業は 2022 年 4 月まで努力義務）、「働き方改革」の基本的考え方である「働く人々が、個々の事情に応じた多様で柔軟な働き方を、自分で『選択』できるようにする」ことと通じています。
　つまり、会社として取り組むべき事項であるといえるでしょう。

　では、上記 3 つのポイントと LGBT 施策との関わりについてみていきたいと思います。

　「ハラスメント防止対策」と一概にいっても、ハラスメントの種類はパワハラ、セクハラ、マタハラ、SOGI ハラ等あらゆるハラスメントがあります。
　SOGI とは、Sexual Orientation, Gender Identity の略で、「性的指向＝恋愛や性愛の対象となる性」、「性自認＝自分自身の性別をどう認識しているか」を指します。
　SOGI ハラとは、この性的指向・性自認に関するハラスメントをいい、LGBT だけでなく、「男らしさ」「女らしさ」への偏った性別役割分担意識からくるものも含まれます。

企業の責務として一貫していえることは、どのハラスメントにおいても、差別偏見のない職場環境づくりについて方針を明確化し、研修等を通じ、啓発することです。そして、職場内での困りごとがあったときに相談できる窓口を設置し、ハラスメントが起きてしまったときには迅速に対応することです。

　「ハラスメントといわれてしまうから、何もいえなくなってしまう」ではなく、ハラスメントとならないよう日頃からコミュニケーションをとっていくことが重要です。

　次に、「多様性に対応した労務管理」とはどのようなものがあるでしょうか?

　働き方改革の一環として、子育てや介護、病気との両立支援のため柔軟な働き方を選べる労務管理が推奨されています。

　LGBT・外国人・若者・女性・障害者・高齢者も含めてすべての従業員がワーク・ライフ・バランスをもって、働きやすい職場環境をつくることで、生産性の向上につなげていきましょう。

　本章では、ハラスメント防止対策と多様性に対応した労務管理について述べていきます。

第1 ハラスメント防止対策

1 ハラスメントの概要

2020年6月、女性活躍推進法および労働施策総合推進法の改正により、セクシュアルハラスメント・マタニティハラスメント防止対策の強化、パワーハラスメント防止対策の法制化がなされました。

セクハラ・マタハラの防止対策の強化については大企業・中小企業ともに2020年6月から義務化されています。パワハラ防止対策については、中小企業は2022年4月から義務化され、それまでの間は努力義務とされています。

セクシュアルハラスメント防止のためのガイドラインには、「男らしさ」「女らしさ」など性別役割分担意識に基づく言動や「ホモ」「レズ」※などを含む言動は、セクシュアルハラスメントの発生の原因や背景にあるとされています。

パワーハラスメント防止対策の法制化により SOGI（性的指向・性自認）を同意なしに公表するアウティング（暴露）に関する事項も含まれています。

ハラスメントと性別に対する差別偏見は、強い因果関係があるといえるでしょう。

1999年に施行された改正男女雇用機会均等法では、女性であることを理由とする採用や昇進等の差別禁止、セクハラ防止に関して法制化されました。まだまだ100%これが浸透しているとはいえませんが、募集採用において堂々と男女差別をしている企業はほとんど見受けられません。

このことからも性／ジェンダーに関しての意識や認識は時代とともに変化します。

ハラスメント防止対策では、LGBT、女性、だけでなく男性への偏見差別をなくすよう意識や認識をアップデートし、職場内のコミュニケーションを

活発にしていくことが重要です。

※ 「ホモ」「レズ」という言葉は差別的な言葉とされます。望ましいとされている言葉は「ゲイ」「レズビアン」となります。

　本章では、パワハラ・セクハラにフォーカスして述べていきますが、LGBTとマタハラが別問題というわけではありません。

　2020年8月現在、同性婚はまだ法制化はされていませんが、各地方自治体において、同性パートナーシップ制度の導入が加速しているなかで、家族の形も多様化することでしょう（コラム「多様なファミリーのあり方と企業の対応」（P.111参照））。

（1）ハラスメントによる企業のダメージ

　2016年の厚生労働省による「職場のパワーハラスメントに関する実態調査」によると、パワーハラスメントを受けたと感じたことによる心身への影響については「怒りや不満、不安などを感じた」が75.6％で最も高く、「仕事に対する意欲が減退した」が68.0％で続いています（図表2＝次ページ）。

　ここからも、仕事に対する意欲の低下、労働生産性の低下にもつながることが推測されます。そして、従業員のメンタルヘルス疾患となった場合、休職や退職の可能性が高まります。

　さらに企業のリスクとしては、ハラスメント行為により従業員がメンタルヘルス疾患となった場合は、業務災害と認定されることもあり得ます（P.97裁判例参照）。

　また、問題を放置することにより、被害者が労働基準監督署や労働組合、あっせん等に申立てを行うこと、それにより都道府県労働局長からの助言や指導の対象となり、さらに放置することで会社名の公表をされることもあります。裁判となれば使用者側の債務不履行責任を問われ、損害賠償請求されるリスクもあります。

　会社名の公表や裁判となれば、企業のイメージダウンにつながりますので、ハラスメント未然防止対策をしっかり行うことが重要です。

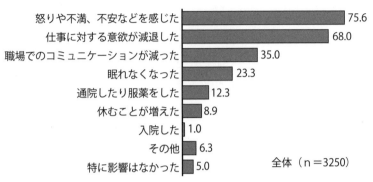

図表2　パワーハラスメントを受けたと感じた場合の心身への影響
（複数回答）

怒りや不満、不安などを感じた　75.6
仕事に対する意欲が減退した　68.0
職場でのコミュニケーションが減った　35.0
眠れなくなった　23.3
通院したり服薬をした　12.3
休むことが増えた　8.9
入院した　1.0
その他　6.3
特に影響はなかった　5.0

全体（ｎ＝3250）

2016 年の厚生労働省による「職場のパワーハラスメントに関する実態調査」

（2）ハラスメント対策を講じることによるメリット

　「パワーハラスメントの予防・解決のための取組を進めた結果、パワーハラスメントの予防・解決以外に得られた効果」はどのようなものがあるか？という調査では「管理職の意識の変化によって職場環境が変わる」の比率が 43.1％で最も高く、「職場のコミュニケーションが活性化する／風通しが良くなる」（35.6％）、「管理職が適切なマネジメントができるようになる」（28.2％）が続きました（図表3）。

　2019 年「労働経済の分析―人手不足の下での『働き方』をめぐる課題について―」（労働白書）においても共通するキーワードが調査結果にありました。「働きがい」の高い企業において実施されている雇用管理として「職場の人間関係やコミュニケーションの円滑化」が挙げられていました。

　つまり、ハラスメントをなくすことで、コミュニケーションが円滑化し、働きがいが向上し、離職率の低下にもつながると考えられるのではないでしょうか？

図表3 パワーハラスメントの予防・解決のための取組を進めた結果、パワーハラスメントの予防・解決以外に得られた効果

（複数回答）

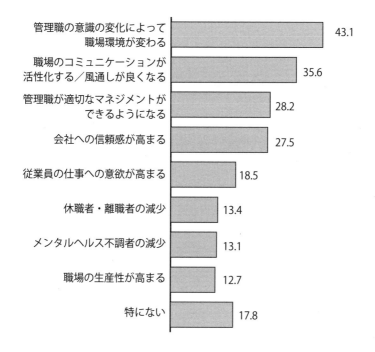

2016年の厚生労働省による「職場のパワーハラスメントに関する実態調査」

2 パワーハラスメント防止の法制化の概要

今回の法制化に伴い、事業主だけでなく従業員も、パワーハラスメントに起因する問題に対して関心と理解を深め、言動に必要な注意を払うことを責務とされました。また、事業主は、労働者に対して、研修等を通じ必要な配慮をすることなどが責務とされました。

さらに、事業主に対し、職場内での周知・啓発、相談体制の整備、適切な措置を行うことが義務化されました。

　それに加えて、今まではパワーハラスメントが起こっても、都道府県労働
局における紛争解決援助や調停制度がありませんでしたが、男女雇用機会均
等法（セクシュアルハラスメント）、育児・介護休業法（マタニティハラス
メント）、パート・有期労働法と同様に、紛争解決援助や調停を活用した労
使紛争解決が行われるようになります。
　また、パワーハラスメント行為者が他の会社や取引先である場合において
も、社内でパワーハラスメントが起こった場合と同様の措置を行うことが望
ましいとされています。

パワーハラスメント防止対策法制化のポイント

①　事業主だけでなく労働者もパワーハラスメント問題に対して関
　心と理解を深め、言動に必要な注意を払うことが責務とされた。
②　事業主は、パワーハラスメント防止のための雇用管理上の措置
　義務（相談体制の整備等）を新設し、あわせて、措置の適切・有
　効な実施を図るための根拠規定を整備することが義務化された。
③　パワーハラスメントに関する労使紛争について、都道府県労働
　局長による紛争解決援助、紛争調停委員会による調停対象となる。
④　上記①の措置を講ずる際に、他の労働者（他の事業主が雇用す
　る労働者、求職者を含む）、個人事業主、インターンシップ等の労
　働者以外の者に対しても必要な注意を払い、配慮をすることが望
　ましい。

（1）パワーハラスメントとは

　職場におけるパワーハラスメントは、労働施策総合推進法第 30 条の 2、
第 30 条の 3 において規定されています。
　職場のパワーハラスメントとは、「同じ職場で働く者に対して、職務上の

地位や人間関係などの職場内の優位性を背景に、業務の適正な範囲を超えて、精神的・身体的苦痛を与える又は職場環境を悪化させる行為」と定義されています。

【職場のパワーハラスメントの3つの概念】

1. 上司から部下に対するものに限られず、職務上の地位や人間関係といった「職場内での優位性」に基づき、
2. 「業務の適正な範囲」を超えて
3. 身体的もしくは精神的な苦痛を与えること、または就業環境を害すること

行為については、6つの類型に当てはまるものされています。

ただし、これら6つがパワーハラスメントのすべてを網羅するものではないということに留意が必要です。

【職場のパワーハラスメントの6類型】

型	行為
❶ 身体的な攻撃	暴行・傷害
❷ 精神的な攻撃	脅迫・名誉毀損・侮辱・ひどい暴言
❸ 人間関係からの切り離し	隔離・仲間外し・無視
❹ 過大な要求	業務上明らかに不要なことや遂行不可能なことの強制、仕事の妨害
❺ 過小な要求	業務上の合理性なく、能力や経験とかけ離れた程度の低い仕事を命じることや仕事を与えないこと
❻ 個の侵害	私的なことに過度に立ち入ること

　今回の法改正で具体例の 1 つとして盛り込まれた SOGI（性的指向・性自認）
（P.46「SOGI ハラとは」参照）に関する事項については、❷ 精神的な攻撃
に該当し、LGBT であることを本人の同意なく暴露するアウティングについ
ては、❻ 個の侵害に該当し得ると整理されています。

Column 🎤 気をつけたい言葉

　「男のくせに」「女のくせに」などの言葉のほかにも「オネエみ
たい」「あの人女？　男？　どっち？」「あの人そっち系？」「う
ちの職場に LGBT はいないよね」などといった差別的・侮蔑的
と捉えられかねない言動をしないよう、日頃から注意しましょう。

注意が必要な言葉	言い換えの例
ホモ	ゲイ
レズ	レズビアン
両刀使い	バイセクシュアル
ニューハーフ	トランスジェンダー、等
オカマ、オナベ、オネエ	使用しない
彼氏・彼女	パートナー、恋人、お相手
旦那さん、奥さん	パートナー、配偶者
お父さん・お母さん	ご両親、ご家族、保護者
お坊ちゃん、お嬢さん	お子さん、子供

　この他に、LGBT 当事者以外の人を、「普通」「ノーマル」と
いってしまうケースがあります。反対語が「異常」「アブノーマル」
なりますので、使わないように注意しましょう。

参考文献（「正しく知って考えよう！LGBTs と職場環境」SR LGBT & Allies）

（手島）

（2）パワハラとアウティング

アウティング（暴露）とは、同意なくその人のSOGI（性的指向・性自認）について公表してしまうことをいいます。

アウティングは、最も気をつけなくてはならないことです。

SOGI（性的指向・性自認）に関することは、個人情報に該当します（P.106「個人情報とは」参照）。

労務管理の観点からも、決してアウティングはあってはなりません。

しかし、残念ながら良かれと思って行った配慮がアウティングにつながってしまうという事例もあります。

たとえ善意からであっても、同意なく第三者に話されてしまうことで、傷付き、メンタル不調になることも考えられますので、どのような形であってもカミングアウトを受けた際は、必ず本人に

①どこまでカミングアウトをしているのか？
②どこまで伝えてよいか？

を確認しましょう。

Column ✍ アウティングとカミングアウト

　アウティングについては、国立市の条例などでアウティング禁止が定められたり、パワーハラスメントとして位置づけられたりするようになってきています。大きな流れとしては、アウティングは NG というものです。

　私自身は、今は 360°フルオープンにしていますが、今みたいにオープンにできなかった時は、アウティングはとても怖いものでした。その怖さから、カミングアウトすることも慎重になっていました。

　何が怖かったかというと、自分の居場所だと思っている人間関係から排除されるんじゃないか、居場所がなくなって生きていけなくなるんじゃないかということが怖かったです。実際にアウティングされたことで自死をされたという悲劇的な事件も起きていることからも、場合によっては命に関わる問題にもなるということです。

　このようにアウティングが命に関わる問題になりかねないのは、セクシュアリティやジェンダーについての差別や偏見が残っているからだと思います。

　ですので、そのような差別や偏見が残っている現状では、アウティングは NG なのです。

もし、あなたがカミングアウトを受けた場合には、このようにアウ
ティングが命に関わる問題になり得ることを頭に置いていただきたい
と思います。

　他方で、そのような差別や偏見が残っている状況では、カミングア
ウトを受けた側にも、大きな負担感を背負わせてしまう場合がありま
す。カミングアウトをする側は、多くの場合、「この人なら大丈夫だ」
と覚悟をもってカミングアウトをしますが、カミングアウトを受ける
側は、多くの場合、突如としてカミングアウトをされ、何の覚悟も持
たずに、重大な秘密を背負わされることになります。これまでカミン
グアウトする側にあった孤独感に似たものを、カミングアウトを受け
る側にも負わせることになるのです。

　もし、あなたがこれからカミングアウトする場合には、カミングア
ウトを受ける側は、カミングアウトを受ける覚悟を持てていないこと
を頭に置いていただきたいと思います。

　いつの日か、セクシュアリティやジェンダーについての差別や偏見
がなくなり、様々ある違いの1つとして、多くの人の頭と心の中に想
定される社会になれば、アウティングの怖さも大きく減るのではない
かと感じています。　　　　　　　　　　　　　　　　　　（内田）

（3）カミングアウトを受けたとき

　自分がずっと隠していたことを「この人なら話したい」と思う気持ちは誰でも味わったことのある気持ちではないでしょうか？

　SOGI（性的指向・性自認）に関することは、日常生活の様々な会話にも出てきます。

　例えば週末の過ごし方の会話の中で、ゲイ当事者が、同性の男性パートナーを彼女と変換して週末のデートの話をしたりすることは少なくありません。

　それは、根深い社会の差別・偏見や誤解からきています。

　社会の差別・偏見や誤解がなければ隠す必要はなくなるかもしれません。「カミングアウト」という行為さえも必要がなくなるかもしれません。

　「この人なら話したい」と選ばれた人は、「カミングアウト」を受けた際はできるだけ適切な言葉で受け止めてあげたいと思うのではないでしょうか？

　カミングアウトを受けた際には、「話してくれてありがとう」「もし傷つける言葉や失礼な言葉をいってしまったら教えてほしい」等の寄り添う言葉を添えて傾聴をしましょう。

　言葉以外にも、どのように話を聞いてくれたかという姿勢も重要です。

3　セクシュアルハラスメント防止に関する法改正の概要

　女性活躍推進法の一部改正に伴い、男女雇用機会均等法第 11 条に規定されている指針も改正が行われました。

　セクシュアルハラスメントの行為者について、職場内の人に限らず、取引先等、仕事をする上で関わりのある人たちも含まれるとされました。

---

1. 「性的な言動」を行う者には、事業主（法人である場合は役員）、上司、同僚に限らず、取引先等の他の事業主またはその雇用する労働者、顧客、患者またはその家族、学校における生徒等もなりえる。
2. 「性的な言動」を行う者が、他の事業主が雇用する労働者または他の事業主（法人である場合は役員）である場合には、他の事業主に事実関係の確認、再発防止に向けた措置への協力を求めることも含まれる。

（1）セクシュアルハラスメントとは

　セクシュアルハラスメントとは、職場において行われる「労働者」の意に反する「性的な言動」に対する労働者の対応により、その労働者が労働条件について不利益を受けたり（対価型セクハラ）、「性的な言動」により就業環境が害される（環境型セクハラ）ことです。

　厚生労働省のセクシュアルハラスメントに関する指針では、次のように解説しています。

（2）セクシュアルハラスメント指針における解説

・　セクシュアルハラスメントの内容には、異性に対するものだけではなく、同性に対するものも含まれます。

・　また、被害を受ける者の SOGI（性的指向・性自認）にかかわらず、

Column 🖊 カミングアウトについて

　名前や顔を出して活動をしていると、必ずといっていいほど聞かれる質問がある。それは「職場ではカミングアウトしていますか？」

　自分の中で職場は仕事をする場であってセクシュアリティを公表する場だなんて考えたこともなかったので、何度も聞かれるこの質問に驚いた。

　自分らしく働きたいと願う当事者の気持ちもわかる。トイレや更衣室、制服といった仕事をする上で支障が出てくる当事者もいるのを知っている。

　けれども、当事者であろうがなかろうが、自分らしく働いている人なんてどのくらいいるのだろうか。

　カミングアウトをすることによって自分の周りの何が変わりそれが自分にとってどういう影響があるのか、考える必要があるのではないか。

　自分を例にしてみよう。私はオーストラリアの公立高校で 8 年間教師をしていた。そこ（学校）では様々な背景を持ったスタッフ・生徒がいた。片親、ネグレクト、学習障がい、多文化、薬物中毒など挙げていたらキリがない。まさに混ぜこぜ、多様性を極めている職場だった。

　そこでは他の人と違って当たり前という光景が日常茶飯事であったため、各自が公表したい自分事情は各自で決め、他の人と "違う" からといって拒絶反応が出ることは稀有だった。

　自分のセクシュアリティをカミングアウトしても、自分の周りでは何も変わらない日常が続き「あっそう。で？」といわれるのが目に見えていた。

　さらに、自分が属していたコミュニティの多さも関連していたと思

う。職場以外に趣味や生活の中で多くのコミュニティに属していて、職場で自分らしさを求めなくても気楽な自分でいられる居場所があった。

　そういう環境にいたからこそ、自分は職場でのカミングアウトの必要性を特に見出せなかったのだと思う。

　だから私はあえて"カミングアウトをわざわざしない"という選択をした。

　この"わざわざカミングアウトをしなくてもいい"という選択肢がある環境こそ正に必要なのではないかと思う。

　当事者であってもなくても、お互いの違いを認識すればするほど自分が他人と違うことなど気にならなくなっていく現象を私はオーストラリアで経験した。その経験があったからこそ気楽に生きる・生きていける、という自分の人生の軸を作ることができた。

　それは自分の中でカミングアウトをしなくてはならないという呪縛から解いてくれ、GAY が持つもうひとつの意味に気がつかせてくれた。GAY という英単語には"同性愛者"という意味とは別に"のんき"や"陽気"といったハッピーな意味がある。そちらの意味として GAY を使い、セクシュアリティに関係なく「私は GAY だよ」と自分らしくいえる人が多い社会になれば、職場で"わざわざカミングアウトをしなくてもいい"という選択肢を選べる人が増えるのではないかと思う。
　　　　　　　　　　　　（初代ミスター・ゲイ・ジャパン　SHOGO）

　ミスター・ゲイ・ジャパンとは？
　　世界最大のゲイコンテストであるミスター・ゲイ・ワールドにつながる日本大会です。ミスター・ゲイ・ジャパンは、日本の LGBTQ+ の環境改善と同性婚の理解促進を目標にメッセージを発信するロールモデルを発掘するとともに LGBTQ+ の存在を可視化するプラットフォームです。
　　（MR GAY JAPAN ホームページより https://www.mrgayjapan.jp/）

性的な言動であればセクシュアルハラスメントに該当します。
- 性別役割分担意識に基づく言動は、「ハラスメントの発生の原因や背景」となり得ますので、このような言動をなくしていくことがセクシュアルハラスメントの防止の効果を高める上で重要です。
- 性別役割分担意識に基づく言動の例としては、以下が考えられます。
  ① 「男のくせに根性がない」「女には仕事を任せられない」
  ② 酒席で上司の側に座席を指定したり、お酌等を強要する　など

性別役割分担意識に基づく言動そのものがセクシュアルハラスメントに該当するわけではありませんが、セクシュアルハラスメントの発生の原因や背景となり得るため、こうした言動も含めてなくしていく必要があります。

4　SOGI（ソジ）ハラについて

（1）SOGI ハラとは

既に何度か触れてきましたが、SOGI とは、Sexual Orientation, Gender Identity の略で、「性的指向（Sexual Orientation）＝恋愛や性愛の対象となる性」、「性自認（Gender Identity）＝自分自身の性別をどう認識しているか」を指します。

SOGI ハラとは、この性的指向・性自認に関するハラスメントをいい、LGBT だけでなく、「男らしさ」「女らしさ」への偏った性別役割分担意識からくるものも含まれます。

性／ジェンダーに関する認識は、男女雇用機会均等法の浸透や性別を問わず活躍する機会が増えたことからもわかるように、時代とともに変化していきます。

ただ、メディアなどの影響もありジェンダー・バイアス※が起こってしまっていることも現実です。

日頃から自分の言動にジェンダー・バイアスがないかどうかを考えていく

ことが重要です。

※「ジェンダー・バイアス」とは、男女の役割について固定的な観念を持つこと、社会の女性に対する評価や扱いが差別的であることや社会的・経済的実態に関する女性に対する神話を指すといわれます（第二東京弁護士会公式ウェブサイトひまわり）。

(2) SOGI（ソジ）ハラとなり得る言動の例

　職場におけるハラスメント行為はパワハラ、セクハラ、マタハラのどれか1つだけに該当するというよりも、複合的に絡み合って生じることケースが多いです。ここに挙げる例がどのハラスメントに該当するかは、状況により異なってきます。

- 男のくせに優柔不断だなといわれた。
- 細かい作業は女性が得意だからといって、仕事から外された。
- イベントの受付担当者はなぜか女性のみが担当となる。
- 結婚してないのはそっち系なんじゃないか？　といわれた。
- 結婚していないから一人前になれないんだ、早く結婚しろといわれた。
- きれいなのにレズビアンってもったいないといわれた。
- 今のお客さんって、男？女？どっちだか分かんないよねというからかうような会話
- 体力のいる仕事だから女性には無理といわれた。
- ゲイって気持ち悪いという発言やいわゆるホモネタで盛り上がる。
- LGBTであることを理由に、対外的に人と接する仕事（営業など）から外された。
- 女性だからといって重要な仕事を任せてもらえない。
- 上司からデートの誘いを断ったら、仕事を回してもらえなくなった。
- 接客態度がかたいのは彼氏がいないからだといわれた。
- 「おばさんのくせに」といわれ続け、早く引退した方が良いといわれた。
- 女っぽい恰好を好むけど、もしかしてゲイなんじゃない？　といわれた。
- 女性なんだから少しは化粧しなさいといわれた。

Column  「自分の"これでいいんだ"をみつける」ためのエンパワリングな哲学対話カードセット＝ソジテツ

ソジテツ（SOGI 哲）とは

　ソジテツは、人生・性別・性にまつわる「自分の"これでいいんだ"をみつける」ための哲学対話ができるカードセットです。

　開発者はＤ＆Ｉの企業研修を多数行ってきた講師でもありますが、本当に多様性活用を目指すのなら"全員"が当事者意識を持つ必要があると考えています。「一方からマイノリティを理解する、受け入れる」だけでは不十分であり、自身も多様性の一部としてまず自分の個性や価値観、考えを尊重できていなければ、本当の意味で他者と認め合い活かしあうことはできないからです。

　それはジェンダーや性のテーマであっても同じことで、例えば「女性・男性ならこうあるべき、当たり前」の性別規範に対しては誰もが当事者です。

　LGBTQ＋などマイノリティの方々はその「ふつう」から生まれる抑圧を多く受けるため、より生きづらさを感じる傾向にありますが、多様な人が自分ごととして「人生・性別・性にまつわる"ふつう"に向き合ってみる」という視点であれば、誰もが同じ目線で自分のことばで語り合い尊重しあえるはずであると考え、開発を進めました。

　SOGI ハラ研修などにお使いいただけますが、体験会も行っております。

（おおばやし あや）

https://www.tetsulab.jp/

https://www.wbc-labo.jp/

5 ハラスメント防止のための具体的な対策

　ハラスメント防止のために会社が講ずべき措置としては、大きく分けると4つに分けられます。

1. 会社の方針の周知・啓発、研修の実施
2. 相談窓口の設置
3. ハラスメント発生時の対応
4. ハラスメント相談者・行為者のプライバシーの保護

　その他、ハラスメントの予防・解決のためにも、アンケート調査は有効な取組みの1つです。

　アンケート調査を行うことにより、ハラスメントの実態の把握、会社のハラスメントの取組み姿勢を示すことにつながります。さらには、従業員のハラスメントに対する知識を高め、気づきを与えることにつながります。

　前述のとおり、性／ジェンダーに関する性別役割分担意識に関する事項はすべてのハラスメントに通じます。これらについての理解と認識をアップデートすることで、ハラスメント防止はもちろん、ジェンダーを問わず全ての従業員の活躍も期待されます。

　アンケートの中に、「LGBTという言葉を知っていますか?」「SOGI（性的指向・性自認）に関するいわゆる性別による差別的な言動はありますか?」などを含むことも意識の向上につながります。

（1）会社の方針の周知、啓発、研修の実施

　会社は、職場におけるパワーハラスメントを防止するため、会社の方針の周知・啓発を行わなければなりません。

　周知方法としては、就業規則（P.112 規程例参照）・社内報・掲示板・社内ホームページ・全従業員向けのメール等があります。

　就業規則の作成義務のない従業員数が 10 名未満の企業においても、会社のハラスメント防止方針を全従業員に発信していきましょう。

■　周知・啓発

周知内容のポイント

◎　ハラスメントを行ってはいけない旨の方針を明確化すること。

◎　相談窓口を設置し、相談等を理由として、不利益な取扱いを行わないこと。

◎　ハラスメントを行った行為者については、厳正に対処する旨の方針を策定すること。

《周知例》

○○年○月○日

全従業員　各位

代表取締役社長□□□□

株式会社○○のハラスメント防止方針

　このたびパワハラ防止法の施行に伴い、当社においてもハラスメント防止に関する規定を制定し、相談窓口の設置をしました。

　従業員がハラスメントを行った場合、就業規則第○条「懲戒事由」第○項に該当し、処分される場合もあります。

　職場におけるハラスメントは、労働者の個人としての尊厳を不当に傷つける社会的に許されない行為であるとともに、職場環境も悪化させる問題のある行為です。

　役員始め社員一同がハラスメント・コンプライアンス意識の向上のため、研修の機会も設けていく予定です。

　ハラスメントのない職場環境づくりを会社全体で取り組んでいきましょう。

社内相談窓口：

　　実際にハラスメント行為が起こった場合だけでなく、日頃の困りごとなども広く相談に応じますので、1人で抱え込まず、相談窓口をご活用ください。

　　　○○課　ハラスメント相談窓口
　　　　　担当○○、○○（内線○○、メールアドレス○○○）

外部相談窓口：
　　　○○コンサルタント
　　　　　電話○○、メールアドレス○○○○

※相談窓口は、プライバシーを守って対応しますので、メールか電話でアポイントをとってからご相談ください。
※相談者や事実関係の確認に協力した従業員に対して、不利益な取扱は行いません。

添付資料：ハラスメントについて

以上

《添付資料》

ハラスメントについて

　ハラスメントとは、相手にとって不快と感じる言動を行う行為です。
　ハラスメントの名称にとらわれず、相手の立場に立ち、不快となる言動や行動を起こさないよう日頃から気をつけてハラスメントゼロを目指しましょう。

＜パワーハラスメントとは＞

　職場において行われる優越的な関係を背景とした言動であって、業務上必要かつ相当な範囲を超えたものにより、その雇用する従業員の就業環境が害されることをいいます。
　部長、課長といった職務上の地位に限らず、人間関係や専門知識など様々な優位性を含み、年齢等に関わらず、先輩・後輩・同僚、部下から上司に対して行われるものも該当します。
　①身体的な攻撃をすること。
　　　怒鳴る、物をたたく、蹴る、投げつける、衣類・身体をつかむ、等
　②精神的な攻撃をすること。
　　　脅迫、名誉棄損、侮辱、ひどい暴言等
　　　例）長時間にわたる説教を行う。些細なミスを大勢の前で指摘する。
　③人間関係からの切り離しをすること。
　　　隔離・仲間外し・無視等
　④過大な要求をすること。
　　　業務上明らかに不要なことや、遂行することが不可能なことを強要すること。
　⑤過少な要求をすること。
　　　業務上の合理性がなく、能力や経験とかけ離れた程度の低い仕事を命じることや、仕事を与えないこと
　⑥個の侵害
　　　家族関係、交友関係、恋愛関係、性的指向・性自認※、結婚、出産、育児、介護等、その他プライベートに関して過度に立ち入ること。
　　　例）LGBT 当事者であること、病歴、不妊治療等の機微な個人情報について、相手の同意なく他言すること（アウティング）は、たとえ悪意がなくてもパワハラに該当します。
　　　※性的指向＝恋愛や性愛の対象となる性別
　　　　性自認＝自分自身の自認する性

＜セクシュアルハラスメントとは＞

　職場において行われる従業員の意に反する性的な言動、それにより労働条件について不利益を受けること（対価型）、または、性的な言動により就業環境が害されること（環境型）があります。
　セクシュアルハラスメントの発生の原因や背景には、性別役割分担意識に基づく言動が考えられます。
　例）「男のくせに」「女のくせに」、ホモネタで笑いをとるなど
　①社外の取引先、顧客、求職者などもセクハラの行為者・被害者になり得ます。
　②異性に対するものだけではなく、同性に対するものも該当します。
　③相手の性的指向または性自認に関する差別的言動や嫌がらせも該当します。
　④性的性質を有する言動はセクシュアルハラスメントに該当します。

＜マタニティハラスメントとは＞

　妊娠・出産したこと、産前産後休業または育児休業等の申出や取得したことにより、職場で精神的、肉体的嫌がらせや解雇・雇止めなど不利益な扱いを受けることをいいます。
　マタハラの発生の原因や背景には、妊娠・出産・育児休業等に関する否定的な言動（他の労働者の妊娠、出産等の否定につながる言動や制度等の利用の否定につながる言動）です。
　①妊娠・出産、育児・介護に関する制度や措置の利用を阻害する言動
　②妊娠・出産、育児・介護に関する制度や措置を利用したことによる嫌がらせ等
　③妊娠・出産等したことによる嫌がらせ等

＜その他あらゆるハラスメント＞

　この他にも介護に関するハラスメント、育児休業を取る男性へのハラスメント、学歴に関するハラスメント等様々なハラスメントがありますが、相手が不快になるような行為を行わないよう日頃から心がけましょう。

以上

2　社内研修等

　ハラスメントの原因や背景となる要因には、知識や情報の欠如やコミュニケーション不足があります。

　パワハラ防止法が施行され、労働に関する法律は変化しています。そのた

Column 🖋 社内研修をより効果的に活用するために

　数年前までは、「なぜこのようなテーマの研修を職場でやる必要があるのか」と、しばしば耳にしていたが、最近はほとんど聞くことがない。LGBT や SOGI についての適切な知識を知ることは、ダイバーシティ推進や人権擁護の観点などからも不可欠であるという認識が、企業関係者に広がっていることが背景にあるのだろう。

　多くの企業で研修講師を担当してきたが、会場の雰囲気がガラッと変わるのは、私自身がレズビアンとしてどのように自己認識し、職場でどんな体験をしてきたか、というテーマに移った時だ。異性愛者のふりをして過ごしていた職場時代の経験談に差しかかると、多くの参加者の目の色が変わり、うなずいたり、熱心にメモをとる姿が増える。どんなテーマでも固有のストーリーは聴く人の心を揺さぶる。知らないことを知り、新たな視点を得て、自己変化のきっかけをもたらしてくれる。外部講師のメリットの1つは、LGBT 当事者のリアルな体験談を聴くことができる、という点だろう。

　もう1点のメリットとして、LGBT 当事者ではない人の語りもまた、変化のきっかけをもたらしてくれる。「自分の周りにはいない」と感じていた人が、LGBT の人たちとの交流を機に、「実は自分が気づいていなかった」ということを発見し、これまでの失敗や自身の言動を

め常に知識をアップデートしていくことは重要です。

　職場には、従業員がハラスメントのない良好な職場環境で安心して働けるように配慮する「職場環境配慮義務」があります。

　知識がないがゆえに従業員がハラスメント行為を行ってしまった場合、会社は職場環境配慮義務を怠ったとされてしまうケースも考えられます。

見直したり、何か貢献したいという思いを抱き、行動するようになるケースをいくつも見てきた。他人の失敗談を聴くことで、安心感を抱く経験は多くの人が持っているものだ。同じことを繰り返さないためにも、このような体験のシェアを踏まえ、それぞれの人ができることを確認することも有効だろう。

　とはいえ研修だけでは、時間の経過とともに記憶はすぐに風化してしまう。知識の定着と行動の変容を進めるために欠かせないのは、継続的な取組みと対話にあると考えている。研修後も継続的にインプットする機会として、勉強会、外部イベント・セミナーの参加、ｅラーニングの活用、LGBTをテーマにした映画観賞など、様々な方法がある。お勧めしたいのは、そうした機会を通じて感じたことや考えたことを、まずは少人数ででも対話することだ。違和感を語ってもいいと思う。対話を通じて自分の思いを言語化し、他人の感じ方に触発されたりして、さらに深めていく過程で、１回の研修よりも大きな発見がもたらされることもあるだろう。他者とつながろうという意思を持ち、どうつながれば良いか、コミュニケーションを積み重ねていくことこそが、研修をさらに効果的なものにするのではないだろうか。

（レインボーノッツ合同会社　五十嵐 ゆり）

　また、信頼関係があれば、同じ発言であっても受け手の心情は異なってきます。

　ハラスメント予防の研修の一環として、ダイバーシティ研修やコミュニケーション研修なども行い、職場での信頼関係の構築にも役立てるとより効果的です。

ハラスメント予防のポイント

◎ハラスメント研修と併せて、ダイバーシティ研修やコミュニケーション研修を行うことで、信頼関係構築にも役立てられるようにすると効果的。
◎会社には職場環境配慮義務がある。
◎研修は1回で終わらせず、継続的に行っていく。

（2）相談窓口の設置

　会社は、ハラスメントを防止するために、相談に適切に対応するための相談窓口を設置することが以下のとおり義務づけられています。

　1．相談窓口を設置し、担当者を従業員に周知すること
　2．相談窓口の担当者が相談に対し、適切に対応できるようにすること

　ハラスメント行為が起こってからでなく、起こる恐れのある状態や初期の段階で相談窓口を利用することができれば、事態が悪化する前に対策を講じることも可能になります。広く日頃の困りごとにも対応できるような窓口の設置が理想的といえるでしょう。

　相談窓口があっても、部下は身近な頼れる存在の上司に先に相談することも少なくありません。そのため管理職にも、相談への対応方法を心得ておけるようマニュアルや研修などを通じ周知しましょう。

❶ 相談窓口の設置方法

相談窓口は社内で担当者を決めることと、外部に委託する方法があります。

① 社内相談窓口の設置

相談担当者を社内に設置する際は、担当者は、知識やスキルアップのための研修などに参加する機会を設けたり、対応マニュアルを作成するなどし、相談者をさらに傷つけてしまう二次被害が起こらないよう徹底しましょう。

② 社外に相談業務の委託

内部の相談窓口では十分に対応することが困難なケースに備えて、顧問契約や提携している弁護士、社会保険労務士その他専門の機関に委託をすることも１つの方法です。

その際は、SOGI（性的指向・性自認）、LGBT を含めた性／ジェンダーに関する問題、ダイバーシティ等への理解がある機関に依頼することが望ましいです。

❷ 相談への適切な対応

相談には、ただ話を聞いてほしいという面談だけを希望するケース、業務上の対応の希望があるケース、ハラスメントや配慮の希望があり対応を望まれるケースなど様々です。

どのようなケースであっても、相談対応するときは、相手の話をしっかり聞くことが大切です。

また、LGBT 当事者からの相談である場合、無理解や偏見をおそれて直接カミングアウトをしないこともあります。

LGBT 当事者かもしれないと感じても本人からカミングアウトを受けるまでは、それらを推測される言葉「レズビアン」「ゲイ」「トランスジェンダー」等を使わないようにしましょう。

繰り返しになりますが、本人の同意を得ずして他言してしまうことは、たとえ善意からであってもアウティング（P.39 参照）に該当しますので、十分注意しましょう。

【相談窓口担当者がいってはいけない言葉例】

◎ 「パワハラを受けるなんて、あなたの行動にも問題（落ち度）があったのではないか」と相談者を責めること

◎ 「どうして、もっと早く相談しなかったか」と責めること

◎ 「それは、パワハラですね／それは、パワハラとはいえません」と断定すること

◎ 「これくらいは当たり前、それはあなたの考え過ぎではないか」と説得すること

◎ 「そんなことはたいしたことではないから、我慢した方がよい」と説得すること

◎ 「（行為者は）決して悪い人ではないから、問題にしない方がいい」と説得すること

◎ 「そんなことでくよくよせずに、やられたらやり返せばいい」とアドバイスをすること

◎ 「個人的な問題だから、相手と 2 人でじっくりと話し合えばいい」とアドバイスをすること

◎ 「そんなことは無視すればいい」とアドバイスをすること

◎ 「気にしても仕方がない。忘れて仕事に集中した方がよい」とアドバイスをすること

相談窓口設置のポイント

◎相談窓口を設置したら、従業員へ周知する。

◎相談窓口は、対面・メール・電話など会社に合った相談方法を用意する。

◎相談者や事実関係の調査に協力した人が不利益な取扱いをうけないこと、秘密厳守をすることを周知する。

◎プライバシーが確保できる個室等の場所を確保する。

◎相談者の心情に配慮しながら、言葉や態度で傷つけないよう、相談者の主張を正確に把握する。

◎相談記録票を作成する（P.60 に作成例）。

◎解決のため、人事部長等に指示を仰ぐ必要がある場合、その理由を説明の上、本人の了承を得る。

※了承が得られない場合は、アウティングにつながるため他言禁止。

◎相談者から「死にたい」などと自殺を暗示する言動があった場合のために、産業医などの医療専門家等へのルートを確立しておく。

◎1回の相談時間は長くても 50 分程度とすることとし、次回の面談日程を調整する。

《相談記録票例（表）》

<table>
<tr><td colspan="5" align="center">相 談 記 録 票</td></tr>
<tr><td colspan="5" align="right">担当者：</td></tr>
<tr><td colspan="5">【相談者の情報】</td></tr>
<tr><td>相 談 受 付 日 時</td><td colspan="4" align="center">年　　　月　　　日</td></tr>
<tr><td>相 談 者 氏 名</td><td colspan="4"></td></tr>
<tr><td>所　　　属</td><td colspan="4"></td></tr>
<tr><td>連　絡　先
（内線または携帯）</td><td colspan="4"></td></tr>
<tr><td>メールアドレス</td><td colspan="4" align="center">＠</td></tr>
<tr><td>社 員 番 号</td><td colspan="4"></td></tr>
<tr><td colspan="5">【情報共有の範囲】</td></tr>
<tr><td>人物</td><td>名前</td><td colspan="2">本人の確認</td><td>メモ</td></tr>
<tr><td>上　　司</td><td></td><td colspan="2" align="center">済　・　未</td><td></td></tr>
<tr><td>人　　事</td><td></td><td colspan="2" align="center">済　・　未</td><td></td></tr>
<tr><td>そ の 他</td><td></td><td colspan="2" align="center">済　・　未</td><td></td></tr>
<tr><td colspan="5">【相談内容】</td></tr>
<tr><td colspan="4" align="center">内容</td><td></td></tr>
<tr><td colspan="4">①いつ（年月日、時間）
②誰から
③どこで
④どのような状況で
⑤どのような言動があったか、どのように感じたか。証拠の有無
⑥加害者とのそれまでの関係や背景
⑦希望する対応や措置
⑧他の目撃者の有無
⑨他の被害者の有無
⑩ほかに相談した人の有無</td><td></td></tr>
<tr><td colspan="5">【次の面談予定】</td></tr>
<tr><td>次回の相談予定</td><td colspan="4" align="center">年　　　月　　　日</td></tr>
<tr><td>次回参加メンバー</td><td colspan="4"></td></tr>
<tr><td>次回の相談内容</td><td colspan="4"></td></tr>
</table>

《相談記録票例（裏）》

【相談内容の整理】

受付№：

類型	具体例	相談内容への当てはめ	社内規程上の位置付け
①身体的な攻撃	暴行、障害		
②精神的な攻撃	脅迫、名誉毀損、侮辱、ひどい暴言、人格否定的な発言		
③人間関係からの切り離し	隔離、会議・研修に出席させない、仲間外し、挨拶をしない、無視		
④過大な要求	業務上明らかに不要なことや遂行不可能なことの強制、仕事の妨害		
⑤過小な要求	能力・経験とかけ離れた程度の低い仕事の命令、仕事を与えない		
⑥個の侵害	私的なことに過度に立ち入る、プライバシーを暴露される		
①～⑥以外	退職強要、異動・配置転換、降格、権限を奪う、他人のミスの責任を負わせる、差別的な呼び方・あだ名で呼ぶ、監視をされる		

【相談者の生活・身体・精神への影響】

休暇取得	
時間外、休日労働	
身体面への影響	
精神面への影響	

【その他確認事項】

対象は自分だけか、人を区別して行われているのか	
上司、同僚、外部相談機関等への相談状況	
職場環境への影響	
相談者の希望 例：調査してほしい、指導してほしい、配置転換等の人事上の措置、様子を見たい、等	

（3）ハラスメント発生時の対応

相談窓口において、相談記録票に基づき聞き取りを行った上で、事実関係の確認を行い、適切な措置を講じる必要があります。

1. 事実関係を迅速かつ正確に確認すること
2. 相談者に対する配慮の措置を適正に行うこと
3. ハラスメント行為が確認できた場合は、行為者に対する措置を適正に行うこと
4. 再発防止に向けた措置を講じること

ハラスメントの行為は、その行為の期間や回数、被害の程度など総合的に判断の上、行為者への処分を決定することとなります。

たとえば業務上の注意の言葉選びが乱暴で不適切なものであり、それが一度だけの場合、懲戒処分は処分の相当性を欠く場合があります。その場合は注意指導による再発防止を図ることなども考えられます。

ハラスメントの内容が特に重大・深刻で就業規則の懲戒処分の対象となり得る場合は、懲戒処分を検討することとなります。

■ アウティングが起こった場合の対応例

SOGI（性的指向・性自認）に関するアウティング（P.39 参照）が起こった場合、まず行為者がどこまでアウティングをしたかの確認をし、その状況を相談者（被害者）に伝えます。

そしてさらなる被害の広がりを抑えること、相談者へフォローアップや心のケアも行っていく必要があります。相談者の希望を確認しながら対応策を講じましょう。

再発防止措置としては、社内における研修を行い、アウティングに関する問題意識の啓発を行うことが重要です。その際、社内で当事者探しが起こらぬようタイミングなども被害者と相談の上、行っていくことが望ましいです。どんな時も当事者探しにつながらないようにすることはとても大切です。

相談のポイント

```
┌─────────────────────────────────────────────────┐
│                   相    談                        │
└─────────────────────────────────────────────────┘
```

```
┌─────────────────────────────────────────────────┐
│              希望に応じてヒアリング                 │
│                                                   │
│ ①相談者（不利益取扱いの禁止）                       │
│ ②第三者（不利益取扱いの禁止）                       │
│ ③行為者（報復しないよう伝える）                     │
└─────────────────────────────────────────────────┘
```

```
┌─────────────────────────────────────────────────┐
│            事実関係の確認後の措置の検討             │
│                                                   │
│ ハラスメントがあったと判断できる場合               │
│   ①行為者への処分                                 │
│     ・ 厳重注意や指導、人事異動                     │
│     ・ 就業規則に定める懲戒処分（戒告、減給、出勤    │
│       停止、降格、解雇等）                          │
│   ②再発防止への研修                               │
│     ・ 従業員全員へのハラスメント研修とアンケート    │
│       の実施                                      │
│     ・ 職場環境改善のための社員教育や社内コミュニ    │
│       ケーションの充実                             │
│                                                   │
│ ハラスメントがあったと判断することはできないが、そ  │
│ のままでは事態が悪化する可能性があり、何らかの対応  │
│ が必要な場合も上記②を検討する。                    │
└─────────────────────────────────────────────────┘
```

```
┌─────────────────────────────────────────────────┐
│                 フォローアップ                     │
│                                                   │
│ ①相談者へ                                        │
│   ⇒不十分だと、会社はなにもやってくれないなどの不  │
│     信感を抱く場合も。                             │
│ ②行為者へ                                        │
│   ⇒納得感なく処分を行うと、行為者自身も心身の健康  │
│     に不調を来たす可能性もあるため、理由をしっかり  │
│     と説明する。                                  │
└─────────────────────────────────────────────────┘
```

《参考：厚労省が示す「相談からの流れ」》

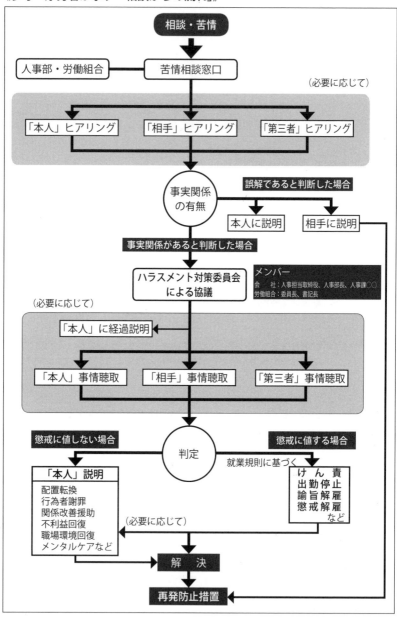

（4）ハラスメント相談者・行為者のプライバシーの保護

　相談者・行為者、第三者が事情聴取された情報はプライバシーに属するものですので、相談等を行うことで不利益な取扱いをしない旨を従業員に周知・啓発の他、必要な措置を講じることが会社には義務づけられています。

相談者等のプライバシー保護のポイント

◎相談への対応または当該ハラスメントに係る事後の対応に当たっては、相談者・行為者等のプライバシーを保護するために必要な措置を講ずるとともに、その旨を労働者に対して周知すること。

◎相談者・行為者等のプライバシーには、性的指向・性自認や病歴、不妊治療等の機微な個人情報も含まれるものであること。

◎第三者からの事情聴取調査を行う場合は、その内容を口外しないことを徹底すること。

◎相談窓口においては相談者・行為者等のプライバシーを保護するために必要な措置を講じていることを、社内報、パンフレット、社内ホームページ等広報または啓発のための資料等に掲載し、配布等すること。

◎就業規則その他の職場における服務規律等を定めた文書等において、ハラスメントの相談等を理由として、労働者が解雇等の不利益な取扱いをされない旨を規定し、労働者に周知・啓発をすること。

> ## Column 📝 教育とハラスメントの境界－自身の男性性と向き合う－
>
> 　#MeToo 運動に見られるように、社会的にハラスメントへの問題意識はかつてないほど高まっている。試しに「ハラスメント」をインターネットで検索してみると、「セクハラ」「モラハラ」「パワハラ」といったおなじみのハラスメントに加え、新種の「～ハラ」が増殖していて驚かされる。なんでもハラスメントにしてしまうハラスメント＝「ハラハラ」なんて言葉もあるようで、もはや笑えない事態になっている。そんな時代だから、多くの職場でハラスメント研修が行われている。
>
> 　私はハラスメントを「権力をもつ者がもたない者に対して行う嫌がらせ」と捉え、その根幹にあるものは「男性性」なのではないかと考えている。男性学者の伊藤公雄によると、男性性には３つの志向性があるとされている。
>
> 　①「優越志向」
> 　　　～に対して優越したい欲求。
> 　②「権力志向」
> 　　　～に自分の意志を押しつけたいという欲求。
> 　③「所有志向」
> 　　　できるだけ多くのモノを所有したい、また所有したものを自分のモノとして確保したいという欲求。
>
> 　「～」が女性だと男尊女卑となり、子どもだと児童虐待や教育という名の下に行われる暴力（パワハラ、体罰など）になる。特に、学

校現場で教員が児童・生徒に行うハラスメントには、一教員として当事者意識を持っている。

　全ての教員がそうであると一般化することはできないが、少なくとも私は、自身を不安にさせるような事象（例えば子どもの負の感情の表出）を目の前にしたとき、男性性を行使してその事象を力づくで管理、コントロールし不安を打ち消したくなる欲望にかられる。しかしその欲望に従い、大声で子どもを恫喝してしまえば、それはもはや教育ではなくハラスメントである。

　私は子どもたちに「ほっしー」とあだ名で呼ばれ、比較的距離感の近い関係を子どもたちと築いているが、やはり学校空間における教員と子どもの権力関係の非対称性は絶対的なものがある。大事なことは、学校という場で教員として存在する以上、はらまざるを得ない自分自身の権力性にどれだけ自覚的でいられるかだ。それは、ハラスメントをする責められるべき質の悪い教員がいるわけではなく、誰もがハラスメントの加害者となりうる可能性をもっていることを自覚することでもある。

　男性優位社会に生きていれば、性別を問わず、誰もが男性性を内面化している。ハラスメントの根幹にある男性性の有害な側面（有害な男性性）は、性別に関係なく誰にとっても他人事ではない。そこをおさえなければ、限りなく増殖し続ける新種のハラスメントに振り回される羽目になるだろう。

（桐朋小学校　教諭　星野 俊樹）

第2 ┃ 多様性に対応した労務管理

　ここでは、LGBT 施策を通して、多様性に対応した労務管理について述べていきます。

1　採　用

（1）採用活動の基本

　企業における CSR や SDGs が重要視されてきています。

　このような観点からも、採用選考は、

　〇応募者の基本的人権を尊重すること

　〇応募者の適性・能力のみを基準として行うこと

を基本的な考え方として実施することが大切です。

（2）CSR・SDGs への取組み

　CSR（Corporate Social Responsibility）は、企業の社会的責任の意味で、企業が倫理的観点から事業活動を通じて、社会貢献をすることです。

　採用活動においても、企業理念等や企業におけるダイバーシティ指針を打ち出し、国籍、性別、性的指向、性自認などによる差別的取扱いをしないことをホームページ等で明示することも挙げられます。

　また、国連の掲げている持続可能な開発目標＝ＳＤＧｓ（Sustainable Development Goals）では、「誰一人取り残さない」持続可能で多様性と包摂性のある社会の実現のため、2030 年までに世界中の国、企業、個人も協力し合いよりよい社会をつくろうと 17 個の目標をあげています。

　その５つ目に「ジェンダー平等を実現しよう」というものがあります。

国によっては同性愛を認めていない国もありますが、先進諸国においては、SDGsへの企業の取組みは、LGBT施策にも力を入れていることも表していると考えられています。

（3）企業が守るべきこと

　採用活動において企業が守るべきことには❶基本的人権の尊重、❷個人情報の取扱いがあります。

❶　基本的人権の尊重

　憲法第14条では、基本的人権の1つとしてすべての人に「法の下の平等」を保障しており、人種・信条・性別・社会的身分・門地などの事項による差別があってはなりません。

　また、憲法第22条では、基本的人権の1つとして「職業選択の自由」を保障しています。

　一方、企業には「採用の自由」が認められています。これは、今求める人材の適性と能力について採用の基準を設けることの自由であり、求職者の基本的人権を侵してもよいということではありません。

　採用選考にあたっては、求職者の基本的人権を尊重することが大切です。

❷　個人情報の取扱い

　職業安定法第 5 条の 4 では、求職者の個人情報の取扱いについて、募集業務等の目的の範囲内で、収集・保管・使用しなければならない旨規定しています。

　特に留意が必要な事項は、①戸籍謄（抄）本と本籍の記載のある住民票（写し）の提出、②採用選考時における健康診断です。

①　戸籍謄（抄）本・本籍の記載のある住民票（写し）の提出

　戸籍謄（抄）本や本籍の記載のある住民票（写し）の提出を求めることは、採用において必要のない情報を把握することとなり、就職差別につながるおそれがあります。

　具体的には、昔は身元を確認する手段として本籍を知るために「戸籍謄（抄）本の提出」を求めていた時代がありました。しかし、この本籍地は同和関係者であることなどを理由とした差別に用いられたり、偏見を招く恐れのあるものであり、把握されることで求職者を不安にさせてしまいます。

　実際はこの戸籍謄（抄）本を求める理由がないにも関わらず、慣習として提出書類としていたから事務的に求めていたという理由ではすまされません。

　また、戸籍上の性や名前を変更しているトランスジェンダーが、戸籍謄（抄）本の提出を求められることで、変更前の性別や氏名も知られてしまうという不安がありますので、特に理由はないけれど採用活動の慣習などで戸籍謄（抄）本の提出を求めている企業は、提出書類を見直していきましょう。

②　採用選考時における健康診断

　採用選考時に求職者の適性や能力を判断する上で必要性のない健康診断を行うことは、必要のない事項の把握となり、就職差別につながる恐れがあります。

例えば、血液検査をすることで HIV 陽性者であることで採用を拒否することなどで就職差別につながる恐れがあります（P.166 裁判例参照）。

なお、労働安全衛生規則第 43 条に規定されている雇入れ時の健康診断は、常時使用する労働者を雇い入れた際における適正配置、健康管理に役立てる目的で行われるもので、採用選考時における健康診断とは異なります。

（4）採用活動のポイント

採用活動を行う上で、最も重要なポイントは、採用基準の明確化です。

採用に携わる従業員や役員の主観的な好みで評価してしまうことは、就職差別につながる恐れがあります。

研修、説明を行う従業員も含め、採用に携わる人が

1．求められる適性と能力の明確化
2．評価基準の明確化
3．性自認、性的指向や国籍、信条に関わらず全ての人に公正な目で採用活動を行うこと等、

マニュアル等を通じて認識の共通化をしましょう。

LGBT 施策としては、エントリーシートや会社説明会参加者へのアンケートの性別欄をなくすなどの配慮があるとよいでしょう。

2020 年 7 月には、履歴書の性別欄削除を求める署名活動により、JIS 規格の履歴書の様式の例示が 2020 年 7 月に削除されました。コクヨも性別欄のない履歴書の発売のニュースがありました（2020 年 8 月 22 日日本経済新聞）。

この動きは今後も強まっていくのではないでしょうか。

入社説明会等では、グループ面接を行うことがある場合もあります。

その際は、名札やネームプレートについてフルネームではなく、苗字のみにすることなどで、トランスジェンダーの求職者への配慮につながります。

採用のホームページや募集要項に、性別理由とした服装の強制をしないと記載することで "性別による差別をしない会社" というメッセージにもつながります。

【職場内の設備マップ】

「誰でもトイレ」の使用を希望するトランスジェンダーの方も含めてトイレや更衣室がどのような場所に設置されているかどうか?を入社前に知ることができれば嬉しい、という声を耳にしたことがあります。

例えば入社説明会等で、会社内のトイレなどの設備のマップなどを配布することは、求職者にとって "自分が働く姿" をイメージするきっかけになります。

　会社には、役員や管理職などの経営層、総務や人事などの管理部門、営業や事業部門など様々な部門により成り立っています。

　それぞれの留意点となるポイントを述べていきたいと思います。

（1）役員など経営層

　2019 年に始まった働き方改革を切り口に、従業員の多様な働き方を推進・サポートすることが企業に求められるようになりました。

　助成金なども活用しながら、テレワークや女性の活躍推進、両立支援制度などを設ける会社もあるのではないでしょうか？

　どのような施策を進める場合も共通するのが、社長をはじめ経営層がしっかりその施策を理解し、トップダウンのメッセージとして発信することが、施策の浸透率アップには非常に重要です。

　LGBT 施策、ハラスメント防止対策、柔軟な働き方を推奨する場合も同様です。

　特に LGBT フレンドリーで差別のない企業であることを内外に広く公表することは、従業員の意識改革・働きやすい職場環境づくりに役立つだけではなく、採用面においても、取引先や顧客に対してもよい影響があります。今後、LGBT フレンドリーであることを公表する企業がさらに増加することが予想されます。

　社内外へメッセージを発信するにあたっては、社長や経営層が正しい基礎知識を持っていることが重要です。

　できれば研修講師が LGBT 当事者であることを公表している研修やイベント等に参加し、実際に当事者の声を聞いてみることを推奨します。

　社内においては、従業員が差別のない会社で働いていることにやりがいや誇りを持ち、働きがいやモチベーションの向上につながることは大いにあると思います。

　秘書・アシスタントの方も、役員が LGBT について理解を深められるよう

な働きかけができるよう、研修の受講等を通じて LGBT も含めたダイバーシティ施策に関心を寄せてほしいと思います。

役員など経営層が実施するポイント

◎トップダウンのメッセージを発信する（ダイバーシティ施策、ハラスメント指針の周知啓発など）。

◎研修講師が LGBT 当事者であることを公表しているセミナーや研修、イベントに参加し、当事者の声や世の中の動き、コミュニケーションのあり方について、正しい知識を習得する。

 当事者の声

◎経営層の理解があることで安心して働ける。

◎ LGBT に差別のない会社は、女性の活躍のシーンもあるということにつながるので、応募の決め手となった。

◎会社の規模が小さいため、個々人の個性を尊重されているが、改めて言葉にして社長からのメッセージがあり、とてもうれしかった。

◎社長がとても理解があることが分かったので、最初に社内でカミングアウトしたのは社長でした。

（2）人事部や総務部

　人事や総務は、LGBT 当事者である従業員のみならず、すべての従業員が安心して働くことができるためのより良い人事制度・職場インフラを整えるために、最も関わりのある部署といえるでしょう。

　精度の高い施策・職場計画をつくるために、まず、正しい知識を身に付けるため研修などには積極的かつ定期的に参加していきましょう。

　たとえ申し出がなくても、企業で従事する当事者は必ずいるものと考え、制度や計画を作成するようにしましょう。施策が進んでいる企業へヒアリングに行き、自社で取り入れられそうなことから施策を始めることも検討してみましょう。そうした施策の実施を受けて、当事者がカミングアウトや相談をしてくる可能性もあります。

　人事や総務は採用、入社から退職まで従業員の様々なライフイベントや諸手続きに携わるため、個人情報の取扱いに十分注意しましょう。

人事部や総務部が実施するポイント

◎ SOGI（性的指向・性自認）に関することは個人情報に該当するため、従業員が LGBT 当事者かどうかに関わらず他言しない。

◎手続き担当者は、同じ部署内であっても守秘義務を守る。

◎採用活動に携わる者（役員、OB 訪問などを受け入れる者を含む）に会社の LGBT 施策方針、差別禁止等必要な事項をマニュアルや手順書などで提示する。

◎転勤・海外出張・海外赴任への配慮。

◎トランスジェンダーへの配慮。

◎メンタルヘルスや健康上の問題。

当事者の声

◎人事担当者にゲイであることをカミングアウトしたが、見た目も選ぶ服も他の男性と同じため分からなかったといわれ、少し偏見を感じた。

◎トランスジェンダーであり、一斉に行う健康診断を受けることがつらいことを人事部に相談したら、別の医療機関での受診を了承してくれてとても嬉しかった。

◎FtM トランスジェンダー（トランスジェンダー男性）であり、すでに戸籍の性別も変更して男性として就職をしているし、結婚もしている。何かのタイミングで人事にはばれてしまうのではないか？　という不安がある。

◎LGBT ＋転職・就活の求人サイト Job Rainbow（https://jobrainbow.jp/）を利用して、説明会に参加したことがきっかけで就職につながった。

◎LGBT フレンドリーであると公表している企業の採用面接では、自分自身当事者であることが話せ、結果として満足のいった就職活動ができた。

(3) 管理職

LGBT の当事者が職場でカミングアウトをする、SOGI に関する対応を求める場合は、人事担当者と同じくらい上司が最初に相談を受けるケースが多いといえるでしょう。

部署内でのハラスメントや差別は、日頃から身近で業務を行っているために気づき難いことがあります。そのような行動が行われていないか様子を見ていく上でも、部下やご自身の言動に今一度意識を向けるとよいでしょう。

研修等については、経営者同様、研修講師が LGBT 当事者であることを公表しているセミナーや研修、イベントに参加し、正しい知識を習得する機会を設けることが望ましいです。

日頃より一緒に仕事をしている部下が実は当事者だったということはよくある話です。

管理職は「うちの部署に限って当事者はいないだろう」という思い込みで部下の属性を判断することや、思い込みが引き起こす偏見のある言動を行うことなく、常に理解のある行動をとるよう心がける必要があります。

また、社外出向や客先へ常駐するような職種の場合、従業員が差別的発言やハラスメントとなり得る言動を受けて困っているが、相談できないというケースもあり得ます。そのような場合に、解決のために対応や施策を求められるのも管理職になります。

上司と部下が 1 対 1 で行う対話「1 on 1 ミーティング」などを積極的に取り入れ、部下とコミュニケーションをとる機会をつくり、管理職から問題を把握する姿勢も必要でしょう。

なお、現在の管理職の方だけでなく新しく管理職になった方には、必ず研修等を通じ正しい知識を身に付けるような機会が必要です。

管理職が実施するポイント

◎部署内でハラスメントや差別が行われてないかを見極めるためにも、正しい知識の取得が重要。

◎研修講師が LGBT 当事者であることを公表しているセミナーや研修、イベントに参加し、正しい知識を習得する。

◎客先へ常駐する職種の場合、客先でのハラスメント等にも注意

◎「1 on 1ミーティング」などを取り入れ、コミュニケーションをとる機会を積極的に設ける。

◎新しく管理職になった人にも研修等の機会を設ける。

 当事者の声

◎トランスジェンダーであるが、客先で差別的な発言を受けていることを上司に相談したところ、希望を聞いてくれて対応をしてくれた。さらにフォローアップのメールや面談もしてくれて、とても心強かった。

◎部長職が LGBT に対して偏見のある無理解な発言をした。仕事は気に入っているが、この会社ではあまり長く勤められないと思っている。

◎飲み会の席で、同僚が「おまえ女に興味ないの？　ゲイなんじゃない？」という発言をしてきたとき、上司がそういう発言はやめるように伝えてくれて、カミングアウトはしていないが嬉しかった。この上司の元でもっと頑張ろうという気持ちになれた。

（4）社内外での情報発信をする部門（広報・宣伝）

　広報・宣伝部門は会社の顔ともいえる部門です。適切な言葉遣いの広報、差別や偏見の無いコンセプトの宣伝などを心掛けることが求められます。

　差別的な言葉を使ってしまった場合、企業イメージの低下または、ソーシャルメディアなどでの炎上等、大きなビジネスリスクにつながりかねません。

　社外的に企業理念や LGBT 施策を公表した場合、外部より問合せを受ける場合もあります。問合せをしてくる方は取引先であったり、顧客であったりと様々です。正しい基礎知識を身に付け、特に差別的な表現について最大限の配慮をしましょう。

　社内広報の場合、LGBT に配慮した人事・職場施策が講じられた際に、社内報などで紹介していくこともあるでしょう。経営層や人事労務・総務担当者等と連携し、相談窓口などについても掲載しながら、周知を図っていきましょう。

　また、社内報の連載欄で、「LGBT は何の略？」「レインボーフラッグの意味」など LGBT に関連するちょっとした記事を連載することで、社内の浸透を促したという事例もあります。

社内外での情報発信をする部門が実施するポイント

◎社外からの問合せやプレスリリースなどの広報活動を行う際に、表現に差別的な要素が含まれていないか常に点検する。LGBT 報道ガイドライン※などを参照することも有効。

◎社内施策が講じられた場合は、その旨広報をする。

◎社内報などがある場合、相談窓口についても明記する。

◎定期的に LGBT に関するトピックが従業員の目に触れるようにする。

※ LGBT 法連合会「LGBT 報道ガイドライン」(2019)

 当事者の声

◎ダイバーシティ施策に積極的に取り組み、LGBT フレンドリーであることが入社の決め手になった。

◎社内報の LGBT に関する連載によって知識を得ることができ、ニュースなどにも以前より興味を持つようになったし、自らの偏見意識に注意するようになった。

（5）顧客や取引先と接する部門（営業や販売等）

　社外の人と接する機会の多い営業や販売の部門では、社内のみならず社外の取引先や顧客の中にも LGBT 当事者がいるかもと想定して、相手がだれであっても適切な言葉を選び、対応していくことはとても大切です。

　もしかして顧客や取引先の担当者が LGBT 当事者では？と思うこともあるかもしれません。そのような場合も決して相手の属性を決めつけてコミュニケーションをとることがないよう注意しましょう。また、たとえ相手からカミングアウトを受けたとしても、適切な言葉選びをすることを忘れないでください。

　レインボーには、LGBT を象徴し祝福する意味合いがあります。そうしたレインボーアイテムを身につけるなどして自分が LGBT フレンドリーであることを表現することで、相手に安心感を与えられる場合もあります。

　もし適切な言葉選びに不安があれば、LGBT に関する研修を受講するなど、正しい知識を得る機会を利用し、より良いコミュニケーションをとることができるようなスキルを身に付けることも必要です。

　東京オリンピック・パラリンピックの調達コードのように、「人種、国籍、宗教、性別、性的指向、障害の有無」などによる差別やハラスメントをする企業との取引を禁止する風潮は今後も続いていくと考えられます。

顧客や取引先と接する部門が実施するポイント

◎お客様や取引先にも LGBT 当事者はいるという前提で接客・応対
　をする。

◎お客様や取引先に、LGBT 当事者かも？と思うことがあっても、相
　手がオープンにするまで決めつけないで接する。

◎ LGBT に関する基礎的な研修を受講するなどして、正しい知識を
　得る。

◎社会が多様化していることを認識し、差別的な発言をしないよう
　に注意する。

当事者の声

◎同じような機能・値段の商品があった場合、LGBT フレンドリーな企
　業の商品を選んだほうが、気分が良い。

◎試着をしてお店を出た後、販売員にヒソヒソ話をされてとても不快
　だった。

◎相手に自分が当事者といってはいないのですが、営業担当の人の携帯
　電話にその会社のロゴの入ったレインボー柄のシールが貼ってあり、
　偏見がないのかなとちょっと安心しました。

(6) 社内で業務を行うことの多い部門 (技術開発・研究・工場など)

社外の人と接する機会は少ないものの、社内でチームワークを必要とする場面も多くあります。

LGBTの人口は様々な調査がありますが5～8％と推定されており、左利きの方やAB型の人と同じくらいの数の人がいるとされています。カミングアウトする・しないは個人の自由ですから、カミングアウトをしている人がいないとしても、自分の周りにいるかもしれないと考えて、言動等に注意をし、部署やチーム全体が安心して働ける職場環境づくりを心がけましょう。

もしLGBT当事者がいるとしても、当然ながら特別視や偏見、差別をすることはあってはならないことです。それぞれの人がお互いの個性を尊重しあい、働きやすい職場環境をつくりましょう。

社内で業務を行うことの多い部門が実施するポイント

◎LGBT当事者はいるという前提でコミュニケーションをとる。

◎互いの個性を尊重した会話を意識する。

◎LGBTに関する基礎的な研修を受講するなどして、正しい知識を得る。

◎社会が多様化していることを認識し、気心の知れた同僚であっても差別的な発言をしないように注意する。

 当事者の声

◎同じ部署内にホモネタで笑いをとる人がいる。とてもじゃないけどここでカミングアウトはできないと感じる。

◎テレビに出てくる女装家の方の話をしていたら、年配の男性が「俺、あの人無理～」と突然言い出した。誰もあなたの好みは聞いてないのにとLGBT当事者ではないが思った。

◎戸籍変更もし、結婚をしているトランスジェンダー男性（FtM）であるが、キャバクラが当然に嬉しいものだろうと思われて誘われ、断れなくてとても苦痛な時間を過ごしている。

3　転　勤

　労働者を採用した後、会社が業務上の理由から就業場所や従事する業務を変更することは、勤務地や職種を限定する合意等がない限り可能です。
　ただし、配置転換は無制限にできるものではなく、濫用は許されないものとされています（P.85 裁判例参照）。

【裁判例で配置転換が権利の濫用とされる基準】

1. 業務上の必要性が存在しない場合
2. 業務上の必要性が存在する場合であっても、不当な動機・目的をもってなされる場合
3. 労働者に対して通常甘受すべき程度を著しく超える不利益を負わせるものであるとき

　男女雇用機会均等法第 7 条において、合理的な理由がない限り、性別による間接差別の禁止があります。

【間接差別となる基準】

1. 募集、採用、昇進または職種の変更に当たって、転居を伴う配置の変更に応じられることを要件とすること
2. 昇進に当たって、異なる事業場間の配置の変更の経験があることを要件とすること

　育児・介護休業法第 26 条は、企業が就業場所の変更を伴う配置の変更を

しようとする場合に、これにより育児や介護が困難となる男女労働者がいるときは、その育児や介護の状況に配慮することを規定しています。

LGBT当事者にも、もちろん育児介護のライフイベントがありますので、すべての労働者に同様に配慮が必要です。

Column 東亜ペイント事件

（最高裁判決 1986 年 7 月 14 日）

《事案》

　塩料および化成品の製造・販売を行っている会社（大阪に本店および事務所、東京に支店、大阪外 2 か所に工場、全国 13 か所に営業所を置く、従業員約 800 名の会社）に神戸営業所で主任待遇として勤務していた社員が、広島営業所への転勤を命じられたところ、家庭の事情から、転居を伴う転勤には応じられないと応えましたが、さらに会社から名古屋営業所へ転勤するよう命じられたが、これにも応じなかったことから、懲戒解雇とされた事案

《裁判所の判断》

　裁判所は、「使用者は業務上の必要に応じ、その裁量により労働者の勤務場所を決定することができるものというべきであるが、転勤、特に転居を伴う転勤は、一般に、労働者の生活関係に少なからぬ影響を与えずにはおかないから、使用者の転勤命令権は無制約に行使することができるものではなく、これを濫用することの許されないことはいうまでもないところ、当該転勤命令につき業務上の必要性が存しない場合又は業務上の必要性が存する場合であっても、当該転勤命令が他の不当な動機・目的をもってなされたものであるとき若しくは労働者に対し通常甘受すべき程度を著しく超える不利益を負わせるものであるとき等、特段の事情の存する場合でない限りは、当該転勤命令は権利の濫用

になるものではないというべきである。右の業務上の必要性については、当該転勤先への異動が余人をもっては容易に替え難いといった高度の必要性に限定することは相当でなく、労働力の適正配置、業務の能率増進、労働者の能力開発、勤務意欲の高揚、業務運営の円滑化など企業の合理的運営に寄与する点が認められる限りは、業務上の必要性の存在を肯定すべきである」と判断し、転勤命令は権利濫用には当たらず有効としました。

4　海外出張・海外赴任

　同性婚の制度を持つ国と地域は全世界の 27 か国、登録パートナーシップなど同性カップルの権利を保障する制度を持つ国と地域は 23 か国となり、世界全体の 20％にも及んでいます（NPO 法人 EMA 日本「世界の同性婚」2020 年 5 月時点）。

　一方、アフリカ諸国等、同性愛者が死刑や刑罰などの犯罪とされる国もあります。

　海外赴任のある企業では、これらの地域に LGBT 当事者の方々が出張することで処罰を受けることがあった場合、安全配慮義務違反となる可能性がありますので細心の注意が必要です。

　しかし、LGBT 当事者であるかを確認することは、カミングアウトを強制することとなってしまい、プライバシーの侵害となってしまいます。処刑の対象となる国へ出張や海外赴任などがある場合は、本人の希望を尊重することが望ましいです。

5　外国籍の従業員

　日本で働く外国人労働者の中にももちろん LGBT 当事者はいます。

　海外出張・海外赴任のところでも述べたとおり、同性婚やパートナーシップ制度が認められている国と地域は世界全体の 20％にも及んでおり、2019年には台湾がアジアで初めて同性婚を認めました。

　しかし、例えば、同性婚が認められている国で婚姻をした同性パートナーが日本に海外赴任をする場合、パートナーに配偶者ビザが発給されないという問題が生じ、裁判となるケースもあります（P.170 裁判例参照）。

　また、同性婚が認められない日本に赴任することを不安と感じる当事者が、赴任を辞退するケースもあるようです。

　そのようなケースに少しでも対応するために、異性婚の配偶者とできる限り同等の福利厚生の利用ができるよう社内規定を整備することで、魅力ある会社に映ることが期待できます。

6　留学生・技能実習生

　2020 年現在、日本では同性婚は法制化されておりませんが、LGBT に関する映画・ドラマ・漫画などが数多く作られる日本は、アジアをはじめ海外の LGBT からも注目を集めており、人気もあります。

　そんな日本にあこがれて、日本へ留学し、就職するケースもあるという声も耳にします。

　留学生や技能実習生、特定技能実習生においても、当然に労働基準法を始めとする日本の労働関係法が適用されます。

　なお、留学生がアルバイトをする場合、在留資格の資格外活動許可証を受け、1 週間の就労可能時間は 28 時間以内と定められています。

　技能実習制度は、日本の技術を母国へ持ち帰り開発途上国での経済発展を担う「人づくり」に協力することを目的としています。

特定技能実習制度は、人手不足に対応するため一定の専門性・技術を有した即戦力となる仕組みとして設けられました。

それぞれの目的を考慮しつつ、外国人労働者の中にも LGBT 当事者は当然にいることを留意し、採用・受入れをしていきましょう。

7　トランスジェンダー

トランスジェンダーが働いている上で直面しやすい事例について個別にみていきたいと思います。

ここにあげる対応策については、1 つの事例であり、人により事情が異なります。

"本人の希望""会社ができること" を対話を通じて確認しあい、合理的な配慮（P.100「合理的配慮とは」参照）をしていくことが最も大切です。

1　性別欄の取扱い

P.71 で採用時の性別欄を排除またはその他という項目を設けることを述べました。

入社後においても同様に、会社内の書式やアンケート等においては、不要な性別欄を削除する検討をしていきましょう。

2　通称名の使用

通称名の使用をしたい旨の申出をうけた場合、外国人の方の使う通称名と同様に考え、前向きな検討をすることが望ましいです。

通称名の使用を許可した場合、名刺、名札、メールアドレス等必要な名前の変更の対応と社内啓発について、本人の希望を確認の上、行っていきましょう。

③ 呼称を「〇〇さん」に統一

職場内においても親しみを込めて、"〇〇君""〇〇ちゃん"という呼称で呼ぶことがあるかもしれません。

もちろん信頼関係が構築された後であれば、差支えないケースも考えられますが、新入社員や異動したばかりの従業員については「〇〇さん」で統一しておくとよいでしょう。

④ 制　服

男女別の制服のある会社の場合、性自認に基づく制服が選択できるようにしたり、「女性従業員はスカート着用」としている場合は、すべての従業員が希望によってパンツの選択もできるように変更するなどの配慮を行っていきましょう。また、制服見直しの機会があれば、男女共用の制服に変えることも有効です。

⑤ 個人情報の取扱い

戸籍謄（抄）本については、特別な事情がない限り、就職差別につながる可能性がありますので提出を求めること自体に留意が必要です（P.70「戸籍謄（抄）本・本籍の記載のある住民票（写し）の提出」参照）。

性別に関する情報は個人情報に該当しますし、心身の状態に関する情報は要配慮個人情報に該当します。取り扱う担当者は本人の同意なく第三者へ伝えてはいけません（P.107「要配慮個人情報」参照）。

⑥ 就労中に戸籍上の性別や名前を変更した場合

就労中に戸籍上の性別を変更した場合、社会保険や労働保険の変更の手続きが必要です（2020年現在）。

名前も変更した場合は、給与の振込先口座名義の変更も行います。

7　トイレ・更衣室など男女別にわけられた設備等

　トイレについては、労働安全衛生規則第 628 条（便所）および事務所衛生基準規則の第 17 条（便所）にて男女別に区別すること、労働者数に応じたトイレの数の設置等の定めがあります。

　トランスジェンダーの場合、自認する性のトイレ・更衣室の使用を希望するケースと、誰でも使用できる男女共用トイレや個室の更衣室の使用を希望するケースなど、個々人によってニーズは様々です。

　また、ホルモン療法をしていく段階で、徐々に見た目が自認する性に近づいていき、その過程において希望するトイレ・更衣室が変更していくことも考えられます。

　性別移行期にはホルモンバランスによっても心身に様々な変化が起こりますので、1 on 1 ミーティングや個別面談などを行って、働きやすい職場環境づくりをしていきましょう。

　トイレの改修工事となると、テナントビル内にオフィスがあることもあるでしょうし、費用も掛かってしまい、なかなか応じられないことがあります。

　そのような場合は、本人との対話を通じた合理的配慮をしていくことがとても重要です。今後の改修計画など、現時点で開示できる情報を伝えるのも一つの方法です。

> **事例1**
>
> 　テナントビルで、「個室の更衣室」の設置ができなかったので、トランスジェンダー従業員と会社で話し合い、トイレの個室内に「チェンジングボード／フィッティングボード」を設置しました。

　チェンジングボード／フィッティングボードも市販のものだけでなく、手作りのものをトイレ内に設置しているという話も聞いたこともあります。

　対話により、本人の希望と会社ができることを一緒に考えていった良い事例だと思います。

> **事例2**
>
> 　制服着用の規程のある企業で受付業務をしている派遣社員の方が、以前は更衣室のドアが開くと、着替えている姿が執務室から見えてしまうことがあったが、企業側が更衣室内にカーテンを設置してくれたため、安心して着替えることができるようになったと喜んだ。

　制服の有無に限らず、1日の長い時間を過ごすオフィス内では、着替えが必要になる場合があります。

　トランスジェンダーの方はもちろん、他の従業員にとっても更衣室内にカーテンがあることでプライバシーが守られるありがたいことではないでしょうか？

　更衣室内のカーテンやついたて等の設置も、ぜひ検討していただければと思います。

8　両立支援

トランスジェンダーは、性別適合手術やホルモン療法を受ける場合があります。そのようなときは、仕事との両立できるような制度があると働きやすくなりますので、制度の整備（P.118「多様な働き方に関する規程例」参照）をしていきましょう。

ここでは、性別適合手術時やホルモン療法について企業側が配慮したいことをあげていきます。

1　性同一性障害の診断書

現在の日本では、性同一性障害の診断書がない限り、性別変更に関するホルモン療法や性別適合手術を受けることができません（P.24「社会制度とトランスジェンダー」参照）。

このホルモン療法や性別適合手術を受けるための診断書は、2つの専門医療機関で取得をすることが要件となっています。

2　ホルモン療法

ホルモン療法は、専門医療機関で男性ホルモンや女性ホルモンを投与し、生まれ持った性の身体的特徴を自認する性へと近づける療法です。

病院やそれぞれの事情により異なりますが、月に1～2度の通院が多いようです。

専門医療機関は数が少ないため、通院スケジュールと調整しながら時間単位・半日単位年休、フレックスタイム制等を活用して両立しやすい職場環境整備をしていきましょう。

3　性別適合手術

日本では性同一性障害の方の性別変更について、「性同一性障害者の性別の取扱いの特例に関する法律」（特例法）があります（P.25 参照）。

手術は日本国内では専門医療機関のみで行います。

ホルモン療法を行っている場合は保険適用となりません（2020年現在）。

そのため、タイなどの海外での手術をする当事者も少なくありません。

　個人差がありますが、手術をするにあたり療養期間も含めて約1か月〜2か月の休暇が必要となります。

　手術後の経過状況により、無理して出勤することは危険なこともあります。本人の希望を聞きながら療養期間の延長なども検討していく必要があるでしょう。

　場合によっては、在宅勤務であれば復職可能なこともあるかもしれません。併せて本人と調整しながらの検討をお勧めします。

　また、FtM トランスジェンダー（トランスジェンダー男性）は、乳房切除手術をすることもあります。

　生殖器の手術と同時にすることもあるようですが、別々の時期に行う場合もあります。

　会社の私傷病休暇に関する規程も性別適合手術をする際に取得できるように柔軟に対応していきましょう。

　健康保険の傷病手当金の申請も可能な場合があります。まず本人に確認の上、加入する健康保険組合や協会けんぽに確認をしながら進めてください。

Column　誰もが気兼ねなく使えるトイレ環境整備を

　「トランスジェンダーと職場」という切り口になるとほぼ必ず話題になるのが、トイレのことだ。ある企業の人事担当者が、「男性従業員から『これから女性として働きたい』といわれたら、トイレはどうしたらいいのか」と質問されたことがあるが、その表情に戸惑いの気持ちが浮かんでいたのが印象に残っている。

　トランスジェンダーといっても、トイレ使用にあたっての不安や困りごと、同僚や上司との人間関係、カミングアウト希望の有無など、状況は様々だ。「トランスジェンダーのトイレ対応はこれ」と一律に決めてしまったり、抽象的かつ極端なケースのみをイメージして対処法を考えると、かえってトラブルになりかねない。重要なのは、申し出や相談をしてくれた人の希望や困り感に焦点を当て、様々な選択肢の中から現時点ではどの方法がベターか、本人や周囲の人とも話し合うことである。

　日頃なにげなくトイレを利用している方は想像しにくいかもしれないが、トランスジェンダーの人たちは、毎日のトイレ利用に苦労している人が少なくない。他の利用者から怪訝な顔をされたり警備員に注意されてしまうことなどを恐れて、トイレ利用を我慢し続けた結果、排泄障害を患ってしまう人がいる。またある方は、オフィスの外にあるコンビニの男女共有トイレに駆け込むというケース

も。安心して気兼ねなく利用できるトイレの有無は、職場で働くトランスジェンダーの人たちにとってとても重要だ。

　昨今、誰もが気兼ねなく安心して利用できるトイレ環境のあり方について、トイレメーカー各社も力を入れている。トランスジェンダーに配慮したトイレのあり方について、問合せが増えたことも一因のようだ。従来の多機能トイレとは別に、トランスジェンダー、障害がある人、異性介助をしている人、親子連れ、オストメイトの方など多様な人々が使いやすいように配慮された男女共用の個室トイレの設置事例が増えている。そうしたトイレに向かう導線に自動販売機などを設置し、トイレに向かう行動を目立たないようにする工夫も施されている。

　ある調査で、トランスジェンダーの人が自認する性別のトイレを利用することについて、当事者ではない方へ尋ねたところ、35％程度が「抵抗がある」と答えており、その理由として「なんとなく」「身近に当事者がいないので」と、知らないことによって抵抗感があることが分かっている（参考：オフィストイレのオールジェンダー利用に関する研究会／金沢大学、コマニー、LIXIL 2019）。ハード面の整備に加え、啓発活動などのソフト面においても同時に取り組むことが必要だ。

（レインボーノッツ合同会社　五十嵐 ゆり）

8　メンタルヘルス

　LGBT 当事者がメンタルヘルスの問題を抱えるときの要因は、様々な心の葛藤があります。

　NHK の「LGBT 当事者アンケート調査 2015 年」によると、LGBT であることで健康への影響があった割合は、40％近くになります（図表4）。

　その理由としては、トランスジェンダーとしての困り事に悩んでいる、身近な人になかなか打ち明けられないという苦しみやストレスから健康に影響が出ているケースが少なくありません。

　同調査によると、当事者の声として以下のようなものが挙げられます。

- 性同一性障害でホルモン治療による体調の不安定さがある。今後の健康管理も不安だ
- 性同一性障害で戸籍の性別を変えるため手術をしたところ更年期の症状が出始めた
- 職場で性的マイノリティであることを差別されストレスで病気になりやめた

図表4　LGBT であることで健康への影響は？

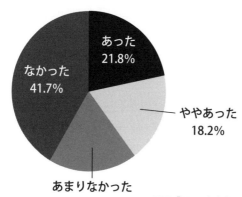

NHK「LGBT 当事者アンケート調査 2015 年」

メンタルヘルスは、企業が安全配慮義務として取り組む課題です。

Column メンタルヘルス業務災害事件

（東京地裁判決 2018 年 5 月 25 日）

《事案》

　パワハラが原因でうつ病を発症した社員が、発症は「労働災害」に当たるとして、労働者災害補償保険法（労災保険法）に基づく給付を求めた事案

《裁判所の判断》

　裁判所は、「労災保険法及び労基法に基づく保険給付は、労働者の業務上の疾病等につき行われ（労災保険法第7条第1項第1号、労基法第75条）、労働者の疾病等が業務上のものであると認めるためには、業務と疾病等との間に相当因果関係が認められることが必要である」、「労災保険制度が、労基法上の災害補償責任を担保する制度であって、災害補償責任が使用者の過失の有無を問わずに被災者の損失を填補するいわゆる危険負担の法理に基づくものであることからすると、上記の相当因果関係を認めるためには、当該疾病等の結果が、労働者の従事していた業務に内在する危険が現実化したものであると評価し得ることが必要である」とした上で、「最新の医学的知見を踏まえて策定されたものである認定基準は、労災保険の実務を行う行政庁内部の通達にすぎず、法的な拘束力までは認められないとしても、その内容については合理性があるものと認められるから、認定基準の定める要件に該当すれば、より科学的・合理的な知見との抵触があるなどの特段の事情がない限り、業務起因性が認められると解するのが相当である」、「業務の危険性の判断は、当該労働者と同種の平

均的労働者、すなわち、何らかの個体側の脆弱性を有しながらも、当該労働者と職種、職場における立場、経験等の社会通念上合理的な属性と認められる諸要素の点で同種の者であって、特段の勤務軽減まで必要とせずに通常業務を遂行することができる者を基準として行われるものとするのが相当である。そして、このような意味の平均的労働者にとって、当該労働者の置かれた具体的状況における心理的負荷が一般に精神障害を発病させる危険性を有し、当該業務による負荷が他の業務以外の要因に比して相対的に有力な要因となって当該精神障害を発病させたと認められれば、業務と精神障害発病との間に相当因果関係が認められると解するのが相当である」と判断したが、具体的事案との関係では、請求を棄却しました。

9　安全配慮義務

労働契約法第5条により、会社には安全配慮義務があります。

【労働契約法】

第5条　使用者は、労働契約に伴い、労働者がその生命、身体等の安全を確保しつつ労働することができるよう、必要な配慮をするものとする。

生命、身体等の安全の確保の中には、心身の健康も含まれます。

従業員が心身の健康を害し、メンタルヘルス不調になると、欠勤や休職をさせることになり、場合によっては退職・解雇の問題が生じる可能性が出て

きます。

　メンタルヘルス不調となった従業員が傷病休暇を取得している間は、その従業員のフォローのため、他の従業員や上司が業務をカバーすることとなります。

　そうなると、他の従業員の業務量が増し、残業が増え、過重労働となってしまうこともあります。

　メンタルヘルス不調を未然に防止するためには、管理職の方が「いつもと違う」部下の様子に気づくように心がけることや日頃からコミュニケーションを取ることは、すべての従業員にとっても働きやすい職場環境づくりにつながります。

　産業医等と連携し健康診断やストレスチェック（従業員数50人以上の事業所では義務化）を活用し、残業時間の管理などを適切に行っていきましょう。

　また、従業員の心身の状態に関する情報は、要配慮個人情報（P.107「要配慮個人情報」参照）に該当しますので、適切に管理をしましょう。

10　病気や障害と仕事の両立

　企業が、障害者雇用や病気との両立支援に取り組む際には、合理的配慮を行うことが非常に重要です。

　障害の有無に限らず、その人個人のもつ特性を仕事の上でも活かすことは、社会全体としてこれからも求められていくでしょう。

　障害を持った方、病気と両立しながら働いている方の中にも当然に LGBT 当事者がいますし、カミングアウトしている場合もあれば、しない場合もあるということも忘れずに取り組んでいただければと思います。

　障害者雇用に関しては雇用環境整備等関係の助成金を受けられる可能性もありますので、活用を検討しながら、誰もが働きやすい職場環境づくりをしていきましょう。

❶　障害者雇用促進法

2018 年 4 月から、改正障害者雇用促進法が施行されました。

この改正により障害者が働くための合理的配慮義務と不利益取扱い禁止が、事業主の義務として明文化されました。

❷　合理的配慮とは

がん患者就労支援ネットワーク「選択制　がん罹患社員用就業規則標準フォーマット―がん時代の働き方改革―」（順天堂大学准教授 遠藤源樹 編著・弁護士 小島健一 監修、株式会社労働新聞社発行）によると、「合理的配慮とは、本人の一方的な配慮要求に会社が応じなければならないことでも、会社が本人の希望を聞かずに画一的な配慮を押しつけることでもなく、本人と会社の『対話』による共同作業により作り上げるものなのです」と書かれています。

これは、がん患者などの病気や障害のある従業員だけでなく、すべての従業員に対してもいえることであり、よりよい職場環境づくりの上でも最も大切なことの 1 つであると考えられます。

❸　障害者雇用における留意事項

厚生労働省では、事業主向けに「プライバシーに配慮した障害者の把握・確認ガイドライン」を出しています。

１　採用時に障害者の把握と確認をする場合

１）利用目的の明示

　　障害者雇用状況の報告、障害者雇用納付金の申告、障害者雇用調整金または奨励金の申請のために用いること等、利用目的を明確にします。

２）情報を取り扱うものの明示

　　障害者雇用状況の報告等を担当する人事担当者から、直接本人に対して確認手続きを行うことが望ましいです。

採用後に障害者の把握と確認をする場合

　雇用する労働者全員に対してメール、案内書類、社内掲示板など画一的な方法で呼びかけることを原則とします。

　1）利用目的の明示

　　　障害者雇用状況の報告等のために用いることを明示します。

　2）強制ではないことの明示

　　　障害を持っていることを報告することは雇用契約上の義務ではないため、回答は任意とすることを明記しましょう。

11　HIV/ エイズについて

（1）HIV/ エイズの現状

　HIV/ エイズの治療法は、飛躍的に進歩しています。

　にもかかわらず、「エイズ＝死に至る病」という 30 年前のイメージに基づく根強い誤解が残っているのも現実です。

　HIV/ エイズついての両立支援を行う場合は、正しい知識をもって偏見や誤解なく合理的配慮をしていくことが重要です。

　日本における新規 HIV 感染者とエイズ患者数は、厚生労働省によると 2017 年までの累積報告数は、28,805 件で、新規 HIV 感染者数は毎年 1,000 人弱で増加、エイズ患者数も 400 人強で増加し続けています。

　では、実際はどのくらいの陽性者の人が職場に病名を知らせているのでしょうか？

　特定非営利活動団体ぷれいす東京の調査によると、職場の同僚、上司、人事担当者などに HIV 陽性であることを知らせている人は、それぞれ 6 ～ 12％で、いずれか 1 人にでも知らせている人は 21％でした。

　病名を知らせられない理由としては、69％の人が「職場で勝手に病名を

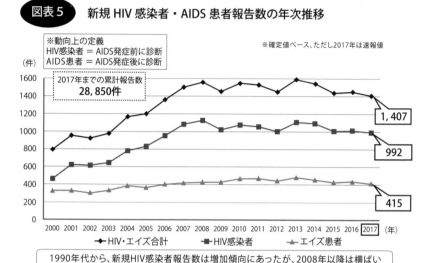

図表5　新規 HIV 感染者・AIDS 患者報告数の年次推移

※動向上の定義
HIV感染者 ＝ AIDS発症前に診断
AIDS患者 ＝ AIDS発症後に診断

※確定値ベース、ただし2017年は速報値

2017年までの累計報告数
28,850件

—◆— HIV・エイズ合計　—■— HIV感染者　—▲— エイズ患者

1990年代から、新規HIV感染者報告数は増加傾向にあったが、2008年以降は横ばい傾向に転じている。一方、新規エイズ患者報告数は未だ減少傾向にはない。

「後天性免疫不全症候群の発生動向の調査及び分析の強化について」厚生科学審議会（2018年4月17日）

知られる不安を感じる」、43%の人が「HIV に対する同僚や雇用者の無理解や偏見を感じる」としていました。

　HIV/ エイズについて正しい知識をもち、偏見差別をなくすことで、陽性者である従業員も働きやすくなることと思います。会社側も他の障害や病気と同様に、仕事との両立しやすい制度の整備をしていきましょう。

図表6　職場で HIV 陽性であることを知らせている相手

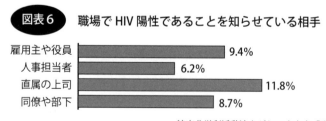

特定非営利活動法人ぷれいす東京「職場と HIV/ エイズ」

(2) HIV/ エイズとは

　HIV とは、エイズの原因となるウイルスのことです。HIV 感染＝エイズではありません。

　HIV に感染すると、数年から 10 数年くらいの年月をかけて免疫力が低下し、通常では生じない肺炎などが引き起こされます。これを「エイズ発症」といいます。

　かつては、死に直結するイメージであった HIV 感染ですが、現在では、様々な治療薬がでており、ウイルスが血液中で増えることを抑えることが可能となりました。

　また、近年では U=U（Undetectable=Untransmittable）という、治療によりウイルスが検出限界値未満である状態が最低 6 か月以上持続できれば性的接触によって HIV を感染させることはない、という研究結果を広めるキャンペーンが行われています。

(3) 職場で考える HIV の知識

　HIV は人の血液、精液、膣分泌液、母乳などの体液に存在し、感染経路は、性行為、血液（注射針の共用など）、母子感染に限られています。

　HIV 自体は非常に弱いウイルスで、C 型肝炎ウイルスの 10 分の 1 程度、B 型肝炎ウイルスの 100 分の 1 程度の感染力しかないといわれています。

　職場で一緒に働く、職場の備品の共用、トイレの利用、一緒に鍋をつついたりするなど、日常的な活動で、同僚や顧客に感染することはありません。

　たとえ、出血を伴うような事故が起こった場合でも、本人の意識があり、自身で標準的な感染予防策をとることができれば、感染のリスクは極めて低いということができるでしょう。

　万一本人の意識がなく、周囲による手当てが必要な場合でも、標準予防策をとることによって安全に手当てを行うことができます。この標準予防策は HIV だけではなく、その他の感染症にも有効です。非常用として、手袋やマスク、消毒剤、治療した用具を安全に処理するためのビニール袋などを備蓄

しておくことも、職場での安心・安全につながります。

（4）様々な菌やウイルスに対応できる血液の管理体制の整備

人の血液には、HIV だけでなく B 型、C 型肝炎ウイルスや未知のウイルスも含まれている可能性があります。

職場での出血には、様々な菌やウイルスに対応できるよう、ゴム手袋を用意しておきましょう。

（5）職場の個人情報の管理体制

他の一般的な病気と同様に、HIV 陽性者は職場に病名を伝える義務はありません（P.166 裁判例参照）。

しかし、障害者手帳を利用して税の控除の申請等をすると、手続きの担当者が HIV と知る場合があります。

担当者は、他の職員にまで情報が漏えいすることのないよう、職場での個人情報の管理方法を見直しておきましょう。

例）「健康保険組合からの情報」「医療費明細書やレセプト」「障害者手帳を利用しての医療費助成や税金控除」「健康診断やその結果」など

《参考》厚生労働省「雇用管理分野における個人情報のうち健康情報を取り扱うに当たっての留意事項」（2017 年 5 月 29 日）

HIV 感染症や B 型肝炎等の職場において感染したり、蔓延したりする可能性が低い感染症に関する情報や、色覚検査等の遺伝性疾病に関する情報については、職業上の特別な必要性がある場合を除き、事業者は、労働者等から取得すべきでない。ただし、労働者の求めに応じて、これらの疾病等の治療等のため就業上の配慮を行う必要がある場合については、当該就業上の配慮に必要な情報に限って、事業者が労働者から取得することは考えられる。

（6）労務管理上の必要な配慮

　HIV 感染症には、定期的な通院と規則正しい服薬が大切です。

　現在では、1日1～2回ほどの服薬で、健康な人とほとんど変わらない生活を送ることができます。

　もちろん他の病気も同じように、夜勤など身体的負荷が大きい場合や薬の副作用が強い場合などもあります。

　HIV 陽性者の多くは1～3か月に1回、医療機関を受診し、医師の診察と血液検査、薬の処方を受けています。

　HIV 専門病院への通院には、住んでいる地域によって1日がかりの場合もありますので、どのような配慮が必要かは、本人に直接確認をしながら病気との両立支援の取組みを進めていきましょう。

（7）HIV 陽性者の利用できる制度－身体障害者手帳

　HIV 陽性者は、条件を満たせば内部障害の1つ「免疫機能障害」として「身体障害者手帳」を申請でき、医療費助成、所得税の控除、各種の福祉サービスを利用できます。

　多くの人が障害者手帳による医療費助成制度を利用しており、医療費の自己負担額は0～2万円です。

　HIV 感染症による免疫機能障害は、「障害者雇用率制度」や「助成金制度等」の適用の対象です。

　就労している職員を障害者雇用率の算定に含める場合、雇用主はハローワークに障害者の雇用数を伝えます。

　＊　病歴に関する事項は、要配慮個人情報（P.107「要配慮個人情報」参照）に該当します。本人の同意が不可欠です。

Column 📝 **sexual health と HIV／エイズ**

　ゲイやトランスジェンダーは性的健康上きわめて脆弱な立場にあります。まず、その性行動が妊娠を伴わないために性感染症の予防上重要なコンドームを使用する習慣がありませんでした。さらに結婚という制度が無いために性的な関係が固定化しにくかったり、限られた人口集団の中で性感染症が広がりやすかったりという問題もあります。これらの負の要因が倍々ゲームのように重なりその健康の脆弱性が形作られています。HIV／エイズが社会的病と呼ばれるわけはここにあります。

　しかし、かつて死の病と恐れられたエイズも現在では HIV に感染しても服薬を続けることで健康を維持し健常者と同じ生活を送ることができます。その予後についても定期的な服薬を維持することで平均寿命が健常者とほぼ同等といわれています。

（長谷川）

12　個人情報の取扱い

(1) 個人情報とは

個人情報保護法における個人情報とは、

①氏名、住所、性別、生年月日、顔画像等により特定の個人を識別できるもの

②個人の身体、財産、職種、肩書等の属性に関して、事実、判断、評価を表す全ての情報であり、

③映像、音声による情報も含まれ、暗号化等によって秘匿化されているか

どうかを問わないとされています。

　個人情報は、目的を定めて、できる限りその利用目的を特定しなければなりません。

　また、個人情報をデータベース化した「個人データ」というものがあります。
　「個人データ」の取扱いにおいては、漏えい、滅失など起こらぬよう安全管理のために必要かつ適切な措置や、第三者に提供する際は原則としてあらかじめ本人の同意が必要です。

(2) 要配慮個人情報

　個人情報の中でも、特に取扱いに注意すべきものが「要配慮個人情報」です。

【個人情報保護法】

（定義）

第2条　（略）

　2　（略）

　3　この法律において「要配慮個人情報」とは、本人の人種、信条、社会的身分、病歴、犯罪の経歴、犯罪により害を被った事実その他本人に対する不当な差別、偏見その他の不利益が生じないようにその取扱いに特に配慮を要するものとして政令で定める記述等が含まれる個人情報をいう。

　会社の行う健康診断、ストレスチェック、職場内で知り得た個人の健康に関する情報は、そのほとんどが個人情報保護法第2条第3項に規定する「要配慮個人情報」に該当する機微な情報です。
　従業員の心身の情報を適切に取り扱うために、必要な心身の状態の情報の適切な取扱い規程等を策定しておくことが必要です。

■　心身の状態の情報の取扱いに関する原則

①　心身の状態の情報を取り扱う目的
- 健康確保措置の実施（健康診断・ストレスチェック）
- 安全配慮義務の履行

②　取り扱える範囲
- 労働安全衛生法に定められている範囲
- 本人の同意のある場合
- 労働者の生命、身体の保護のために必要であり本人の同意を得ることが困難な場合（自殺予告等）

第3章

規程例

　第2章において、LGBT施策への取組みの大きなポイントとして、ハラスメント防止対策と多様性に対応した労務管理について述べました。

　これは、働き方改革においても重要とされている制度と重複する部分があります。

《参考》「働き方改革」の実現に向けた厚生労働省の取組み

- 長時間労働の是正
- 雇用形態にかかわらない公正な待遇の確保
- 柔軟な働き方がしやすい環境整備
- ダイバーシティの推進
- 賃金引き上げ、労働生産性向上
- 再就職支援、人材育成
- ハラスメント防止対策

　働き方改革に対応する意味でも、規程整備をしていただければ幸いです。

　本章では規程例を大きく3つのポイントに分けて取り上げます。

　1．ハラスメント防止規程…ハラスメント防止措置として、企業には明確化し、従業員に周知啓発する義務あります。

　2．多様な働き方に関する社内規程…働き方改革の一環として、取り組むべき制度。助成金の対象となる可能性もあります。

　3．社内パートナーシップ制度に関する規程…この規程でパートナーとは、相手方の性別を問わず事実上婚姻関係と同様の事情にあるもの（以下「パートナー」といいます）とし、法律婚と同等に取り扱います。

この他、企業には定期健康診断の実施が義務付けられていますが（労働安全衛生法第66条）、社内で男女別で一斉に行っている場合は、希望する医療機関での受診を可とするなど、多様なニーズに対応できるよう見直すことが望ましいです。

それぞれの企業の状況に合わせて規程の見直しの参考にしてください。

Column 📝 **多様なファミリーのあり方と企業の対応**

家族やファミリーと一口に言っても、そのあり方は多様です。

海外、特に同性間の結婚が認められている国では、同性カップルなどによる子育ては珍しくなくなりつつあります。

日本では、同性間の婚姻は認められていませんが、2016年12月に大阪市が、2020年2月には愛知県が、それぞれ男性カップルを里親と認定するなど、男性カップルが親として育児を行う場面が出てきています。また、女性カップルが、男性から精子提供を受けて、妊娠出産し、子を養育することもあります。さらには、ゲイ男性から精子提供を受け、パートナーの女性が妊娠出産したトランス男性の場合、精子提供をしたゲイ男性も含めて3人で子を養育するケースもあります。

このように、現実の家族やファミリーのあり方は実に多様です。しかしながら、国の法制度はまだまだ追いついていないのが現状です。

本来的には、国が法整備を行うべきことではありますが、それを待つだけでなく、いかに企業が自らで、多様な家族やファミリーのあり方に対応していくか、それが問われる社会になっていくと思われます。

果たして、皆さんの会社はどう対応しますか？

（内田）

第1 | ハラスメント防止規程

　第 2 章のハラスメント防止対策でも述べたとおり、会社はハラスメント防止措置を従業員に周知・啓発をする義務があります。

　周知方法としては P.51 に記載のとおり、全社員向けの文書を出すことで周知することと併せて、規程として定めることがハラスメント対策を行う上では重要です。

　ハラスメント防止に関する規程は、就業規則本体の中にハラスメント防止規定を盛り込む方法と、就業規則本体に委任の根拠を定め、別規程としてハラスメント防止規程を設ける方法と 2 つの作成方法が考えられます。

　ここでは後者の別規程として設ける規程例を紹介します。

ハラスメント防止規程

（目的）

第 1 条　本規程は、職場におけるパワーハラスメント、セクシュアルハラスメント、妊娠・出産・育児・介護休業等に関するハラスメント、その他あらゆるハラスメント（以下「職場におけるハラスメント」という。）を防止するための措置および職場におけるハラスメントに起因する問題が生じた際に適切に対応するための措置を定めることを目的とする。

（適用範囲）

第 2 条　本規程の適用を受けるのは、正社員、パートタイマー、契約社員、派遣社員、インターンシップその他雇用形態に関わりなく、職場内で就労するすべての者を対象とする。

（定義）

第3条　本規程において、次に掲げる用語の意義は各号に定めるところによる。

　一　「パワーハラスメント」

　　　職場における優越的な関係に基づき、業務の適正な範囲を超え、身体的もしくは精神的な苦痛を与えること、または就業環境を害することをいう。

　二　「セクシュアルハラスメント」

　　　職場における性的な言動に対する他の従業員の対応等により、当該従業員の労働条件に関して不利益を与えること、または性的な言動により他の従業員（直接的に性的な言動の相手方となった従業員に限らない）の就業環境を害することをいう。

　　　なお、相手の性的指向・性自認の状況に関わらないほか、異性に対する言動だけでなく、同性に対する言動も該当する。

　三　「妊娠・出産・育児・介護休業等に関するハラスメント」

　　　職場において、上司や他の従業員が、従業員が妊娠・出産・育児休業・介護休業等に関する制度または措置を利用したことに関する言動により、従業員の就業環境を害することをいう。

　　　なお、業務分担や安全配慮等の観点から、客観的にみて、業務上の必要性に基づく言動によるものについては、本号のハラスメントには該当しない。

　四　「職場」

　　　就労場所のみならず、従業員が、通常、職務に従事する場所および実質的に職場の延長と考えられるすべての場所をいう。また、これは就業時間内に限らず、実質的に職場の延長とみなされる就業時間外の時間を含むものとする。

　五　「窓口」

　　　ハラスメントに関する相談等のために、人事部に設けられた「相談窓口」をいう。

六　「苦情処理委員会」

　　人事部長を委員長とし、委員長が指名する者○名以上により構成されるハラスメント解決のための審議をする委員会をいう。

（従業員の責務）

第4条　すべての従業員は、健全な職場環境を醸成し、職場におけるハラスメント行為を行ってはならない。

（監督者の責務）

第5条　従業員を監督する地位にあるもの（以下「監督者」という。）は、次の各項に掲げる事項に注意して職場におけるハラスメント防止に努めるとともに、職場におけるハラスメントに起因する問題に迅速かつ適切に対処しなければならない。

2　日常の執務を通じた指導等により、職場におけるハラスメントに関し、従業員の注意を喚起し、職場におけるハラスメントに関する認識を深めさせること。

3　従業員の言動に十分な注意を払うことにより、職場におけるハラスメントまたは職場におけるハラスメントに起因する問題が職場に生じることがないよう配慮をすること。

（禁止行為）

第6条　すべての従業員および監督者は、職場において次の各号に掲げる行為をしてはならない。

一　パワーハラスメント

　　(1)　殴打、足蹴りするなどの暴行・傷害等の身体的攻撃

　　(2)　脅迫、名誉棄損、侮辱、ひどい暴言、その他人格を否定するような発言等の精神的な攻撃

　　(3)　自分の意に沿わない社員に対して、仕事を外したり、長期間にわたり、別室に隔離、仲間外し、無視等の人間関係からの切り離し

　　(4)　業務に直接関係ない作業を命じることや遂行不可能なことの強制などの過大な要求

(5) 業務上の合理性なく、能力や経験とかけ離れた業務を行わせることや仕事を与えないなどの過小な要求

(6) 家族関係、交友関係、恋愛関係、性的指向、性自認、結婚、出産、育児、介護等、その他私的なことに過度に立ち入ること

(7) 従業員の性的指向、性自認、病歴、不妊治療等の機微な個人情報について、当該従業員の了解を得ずに他の従業員に暴露すること

(8) その他 (1) ～ (7) に準ずる行為

二　セクシュアルハラスメント

(1) 性的指向・性自認、身体上の事柄に関する不必要な質問・発言

(2) わいせつ図画の閲覧、配付、掲示

(3) 性的指向・性自認も含む性的な冗談やうわさの流布

(4) 不必要な身体への接触

(5) 性的指向・性自認も含む性的な言動により、他の従業員の就業意欲を低下せしめ、能力の発揮を阻害する行為

(6) 交際・性的関係の強要

(7) 性的指向・性自認、および性的な言動への抗議または拒否等を行った従業員に対して、解雇、不当な人事考課、配置転換等の不利益を与える行為

(8) その他 (1) ～ (7) に準ずる行為

三　妊娠・出産・育児・介護休業等に関するハラスメント

(1) 妊娠・出産、育児・介護に関する制度や措置の利用等に関し、解雇その他不利益な取扱いを示唆する言動

(2) 妊娠・出産、育児・介護に関する制度や措置の利用を阻害する言動

(3) 妊娠・出産、育児・介護に関する制度や措置を利用したことによる嫌がらせ等

(4) 妊娠・出産等したことにより、解雇、不当な人事考課、配転等の不利益な取扱いを示唆する言動

(5) 妊娠・出産等したことに対する嫌がらせ等

(6) その他 (1) ～ (5) に準ずる行為

　四　従業員および監督者が、職場におけるハラスメントを受けている事実を認めながら、これを黙認する行為

（窓口への申出）

第7条　従業員及び監督者は、窓口に対して職場におけるハラスメントに関する相談・苦情等の申出を行うことができる。

2　すべての従業員及び監督者は、現実に職場におけるハラスメントが発生した場合だけでなく、発生のおそれのある場合においても、申出を行うことができる。

（窓口の対応）

第8条　窓口は、職場におけるハラスメント行為に係る相談・苦情等の申出があった場合、その事案に係る事実関係を迅速かつ正確に確認しなければならない。

2　事実関係の確認等に当たっては、当事者および関係者からの事情聴取等の調査、確認を行う。

3　窓口は、相談者等が苦情処理委員会での審議を希望する場合、または審議することが適当であると判断した場合は、速やかに、苦情処理委員会に報告しなければならない。

（苦情処理委員会の対応）

第9条　苦情処理委員会は、第8条により窓口から報告を受けた場合は、速やかに委員会を招集し、審議に当たらなければならない。

2　苦情処理委員会は、その事案が職場におけるハラスメントに該当するか否かを審理して、その結果を会社に報告する。

（懲戒処分）

第10条　会社は、第9条により苦情処理委員会から報告を受け、処

分が必要であると認められた場合、当該行為を行った従業員に対し、就業規則に基づいて懲戒処分を行う。

（研修等）

第11条　会社は、ハラスメントに関する知識や対応能力を向上させ、職場におけるハラスメント行為を未然防止するために、従業員および監督者に対して必要な研修等を行わなければならない。

（再発防止の義務）

第12条　会社は、職場におけるハラスメント行為に係る相談または苦情の申出があった場合は、ハラスメントに関する会社の方針の周知および啓発の再徹底、研修の実施等、適切な再発防止策を講じなければならない。

（プライバシー等への配慮）

第13条　窓口担当者、相談・苦情を受けた従業員および調査に協力した従業員は、関係者の人権、プライバシーに十分配慮し、知り得た情報を、第三者に開示、漏えいしてはならない。

（不利益取扱いの禁止）

第14条　会社は職場におけるハラスメントに対する相談または苦情の申出、当該相談または苦情に係る調査への協力その他職場におけるハラスメントに関して正当な対応をした従業員及び監督者に対し、不利益な取扱いをしてはならない。

（施行日）

本規程は令和○○年○○月○○日より施行する。

第2 ｜ 多様な働き方に関する社内規程例

　テレワークは、新型コロナウイルスの感染拡大抑制のため、急速に導入が進みました。テレワークをはじめ、時間単位で取得できる年休制度など働き方の選択肢が増えることは、例えば、育児や介護との両立、病気との両立、副業との両立など、すべての従業員にとって、ワークライフバランスを取りやすくなります。

　LGBTの直面しやすい課題に対しては、例えばトランスジェンダーの方のホルモン療法での通院や、性別適合手術後の体調管理にも活用できます。

　ここでは、以下の項目に分けて規程例を紹介します。

　⑴　休み方に関する制度
　　　（❶時間単位年休、❷半日単位年休、❸休職）
　⑵　働き方に関する制度
　　　（❶フレックスタイム制度、❷テレワーク勤務制度）

（1）年次有給休暇（時間単位年休、半日単位年休、休職）

　年次有給休暇は１日単位以外にも半日単位、労使協定を締結することで年５日の範囲内で時間単位の有給休暇を取得することが可能です。

1　時間単位年休制度

【規程例】時間単位の年休

第○条　労使協定に基づき、前条の年次有給休暇の日数のうち、１年について５日の範囲内で、次により時間単位の年次有給休暇（以下「時間単位年休」という。）を付与する。この５日には、前年の時間単位年休に係る繰越し分を含める。

一　時間単位年休付与の対象者は、すべての従業員とする。

二　時間単位年休を取得する場合の、１日の年次有給休暇に相当する時間数は次のとおりとする。

　　①　所定労働時間が５時間を超え６時間以下の者　　６時間

　　②　所定労働時間が６時間を超え７時間以下の者　　７時間

　　③　所定労働時間が７時間を超え８時間以下の者　　８時間

三　時間単位年休は、１時間単位で付与する。

四　本条の時間単位年休に支払われる賃金額は、所定労働時間労働した場合に支払われる通常の賃金の１時間当たりの額に、取得した時間単位年休の時間数を乗じた額とする。

② 半日単位年休制度

【規程例】半日単位年休

第○条　従業員は通常の所定労働時間（8時間）の半日単位（4時間）
　　で年次有給休暇を取得することができる。

2　前項に基づき、半日単位で取得した場合の始業時刻および終業
　　時刻は、次のとおりとする。

　　一　午前半休…午後2時から午後6時まで

　　二　午後半休…午前9時から午後1時まで

---

③ 休職制度

　従業員がケガや傷病で療養が必要な場合、医師の診断書に基づき、健康保
険の傷病手当金の支給を受けることがあります。

　この傷病手当金は、健康保険給付として受ける療養に限らず、自費で診療
を受けた場合でも、医師の診断書により仕事に就くことができないことにつ
いての証明があるときは支給対象となり得ます。

　そのため、自費での性別適合手術も傷病手当金の対象となり得ます。本人
と話し合いの上、手続きを進めましょう。

> **【規程例】休職**
>
> 第○条　従業員が、次のいずれかに該当するときは、所定の期間休
> 職とする。
> 　一　業務外の傷病による欠勤が○日を超え、なお療養を継続する
> 　　必要があるため勤務できないとき……○か月以内
> 　二　前号のほか、特別な事情があり休職させることが適当と認め
> 　　られるとき……必要な期間
> 2　休職期間中の健康保険料、介護保険料、厚生年金保険料、住民
> 税等であって、通常給与から控除されるものについては、従業員
> は会社の請求に応じ、支払わなければならない。
> 3　休職期間中に休職事由が消滅したときは、原則として元の職務
> に復帰させる。ただし、元の職務に復帰させることが困難または
> 不適当な場合には、他の職務に就かせることがある。
> 4　第1項第1号により休職し、休職期間が満了してもなお傷病が
> 治癒せず就業が困難な場合は、休職期間の満了をもって退職とす
> る。

（2）働き方に関する制度（フレックスタイム制度、テレワーク勤務制度）

■ フレックスタイム制度

　フレックスタイム制は、従業員が日々の始業・終業時刻、労働時間を自ら
決めることによって、生活と業務との調和を図りながら効率的に働くことが
できる制度です。

　フレックスタイム制度の導入に際し、会社は労使協定を締結、または労使
委員会の決議を行う必要があります。

【規程例】フレックスタイム制

第○条　会社が必要と認めた場合には、労使協定を締結し、毎月1日を起算日とするフレックスタイム制を実施することができる。この場合において、始業および終業時刻ならびに休憩時間（正午から午後4時までのうちの1時間とする。）は、次項に定める範囲で従業員の決定に委ねるものとする。

2　始業および終業の時刻を従業員の決定に委ねる時間帯（以下「フレキシブル・タイム」という。）ならびに勤務しなければならない時間帯（以下「コア・タイム」という。）は次のとおりとする。

　一　フレキシブル・タイム
　　　始業　8:00 から 10:00 まで
　　　終業　16:00 から 20:00 まで
　二　コア・タイム
　　　10:00 から 16:00

3　前項の規定にかかわらず、フレックスタイム制を適用する従業員の始業時刻および終業時刻は、フレックスタイム制に関する労使協定に定める事項により変更することがある。

4　第2項のフレキシブル・タイム以外の時間帯に出社または退社しようとするときは、あらかじめ所属長の許可を受けなければならない。

5　本条の対象者の範囲、清算期間、清算期間における総労働時間、標準となる1日の労働時間、その他の事項については労使協定で定めるものとする。

6　フレックスタイム制実施期間中であっても、緊急性もしくは業務上の必要性の高い会議、出張、打合せまたは他部署や他社との連携業務がある場合には、出社、出張等を命ずることができる。

7　本条のフレックスタイム制は、部門または対象従業員を限定して実施することができる。

---

② テレワーク勤務制度

　新型コロナウイルスの感染拡大により、テレワーク勤務を導入した企業も多いのではないでしょうか？

　テレワークは、規程を作り「対象者の範囲、テレワークを行う日数、費用負担、労働時間の管理等のルール」等を明確化しておくことでトラブル回避にもつながります。

① テレワークの就労形態

在宅勤務	自宅を就業場所とする就労形態
サテライトオフィス勤務	勤務先以外のオフィススペースでパソコンなどを利用した働き方
モバイル勤務	移動中や外出先で、パソコンや携帯電話を使う働き方

　テレワーク勤務規程は、就労形態により内容は異なってきますが、本書では、在宅勤務に関して、規程例をあげます。

【規程例】在宅勤務規程

（目的）

第1条　この規程は、就業規則第□条に規定する在宅勤務に関する必要な事項を定めたものである。

（在宅勤務の定義）

第2条　在宅勤務とは、労働時間の全部または一部について、従業員の自宅において会社が認めた情報通信機器を用いて行う勤務をいう。

（在宅勤務の対象者）

第3条　この制度は、次の条件を満たす者に適用する。

　一　在宅勤務の申請日現在勤続2年以上の者

　　二　所属長の承認を得た者

（在宅勤務の事前申請）

第4条　在宅勤務の実施に当たっては、利用の都度、従業員が申請を行う。

（在宅勤務時の始業・終業連絡）

第5条　在宅勤務を行う者は、業務開始および終業時に電子メールにて所属長へ連絡しなければならない。

2　在宅勤務を行う日にやむを得ず休暇・欠勤をとる場合には、始業時刻までに電子メールにて所属長へ連絡しなければならない。

（業務報告）

第6条　在宅勤務者は、所定の「在宅勤務業務日報」を所属長に提出し、自己の業務の進捗状況等を会社に報告しなければならない。

（情報管理）

第7条　在宅勤務者は、情報管理を徹底し、業務に関する情報ならびに個人情報の漏洩防止に努めなければならない。

2　前項の情報漏洩が発生した場合には、速やかにその概要を会社に報告しなければならない。

3　会社から業務に必要な資料や機材その他の情報を持ち出す際には、所属長の許可を得た上で、厳重に管理しなければならない。

（在宅勤務時の労働時間）

第8条　在宅勤務時の労働時間は、原則、就業規則第○条（勤務時間）に規定する時間とする。

2　在宅勤務が深夜に及ぶときは、あらかじめ会社の許可を得なければならない。

（在宅勤務者の給与）

第9条　在宅勤務者の給与については、就業規則第○条（給与）の定めるところによる。

2　前項の規定にかかわらず、在宅勤務（在宅勤務を終日行った場

合に限る）が週に4日以上の場合の通勤手当については、毎月定額の通勤手当は支給せず実際に通勤に要する往復運賃の実費を給与支給日に支給するものとする。

（情報通信機器等および通信回線費用の負担）

第10条　会社は、在宅勤務者に対し、業務に必要がある場合には、パソコン等の情報通信機器、ソフトウェア等を貸与することができる。

2　在宅勤務実施に伴い通信回線等の初期工事料や回線設置料等を支出した場合は、会社に請求することができる。モデム等の通信機器、通信回線使用料は自己負担とする。

（在宅勤務時の安全衛生）

第11条　会社は、在宅勤務者の安全衛生の確保および改善を図るため必要な措置を講ずる。

2　在宅勤務者は、安全衛生に関する法令等を守り、会社と協力して労働災害の防止に努めなければならない。

3　在宅勤務の災害補償は、就業規則第○条（災害補償）の定めるところによる。

附則

（施行日）本規程は○○年○○月○○日より施行する。

Column 🎤 テレワークの課題

　テレワーク上の課題には、人事評価とコミュニケーションがあります。

　日本の多くの企業の雇用慣行である、人に仕事を割りあてる「メンバーシップ型」よりも、欧米のような仕事を人に割りあてる「ジョブ型」の方が馴染みやすいともいわれております。

　それに伴い人事評価の方法も「職務記述書」（ジョブディスクリプション）に基づくものとなることも考えられます。

　職務記述書は「役割」や「必要な能力」などの他に「他者との協調性」を評価項目にいれ、コミュニケーションについても重要視しているものも少なくありません。

　オンライン会議システムやコミュニケーションツールを活用しながら、上司、部下、同僚、チーム内での情報共有をしていくなど工夫をしていくとよいでしょう。

（手島）

第3 │ 社内パートナーシップ制度に関する規程

　社内パートナーシップ制度に関する規程は、従業員の相手方の性別を問わず事実上婚姻関係と同様の事情にあるものについて配偶者（以下「パートナー」）とし、法律婚と同等に取扱うための規程です。

　具体的には、法律上制約のあるものを除き、社内規程上、以下のように読み替えるものにしていきます。

「配偶者」
　　法律上の配偶者のほか、異性であるか同性であるかを問わず、事実上婚姻関係と同様の事情にある者を含む（他に法律上の配偶者がいる者を除く）

「子」
　　実子、養子のほか事実上、養子縁組関係と同様の事情にあるものを含む

　導入の方法としては、以下の2つの方法が考えられます。

（1）現在の就業規則の規定の中で「配偶者」等に関する部分を一つずつ改定していく方法
（2）別規程として「社内パートナーシップ制度規程」を設ける方法

　会社の状況に合わせて、取り入れやすい方法で導入いただければと思います。

■　社内パートナーシップ制度に関する Q&A

　規程例を紹介する前に、制度の導入を検討されている企業からよく受けるご質問について述べさせていただきます。

Q1　社内パートナーシップに関する規定を整備しても、利用する人がいないのではないでしょうか？

A　もしかしたら、すぐに利用する人はいないかもしれません。

　しかし、基本的人権を尊重し、すべての人を平等に考えているという会社の姿勢を形として示すことに繋がりますので、利用する人は徐々に増えていくことが期待できます。

　さらに、このような規程があることを知って、有為な人材を確保できる可能性が高まります。

Q2　社会保険や税法上の取扱いはどうなりますか？

A　現段階では、同性パートナーについては健康保険・国民年金第3号被保険者、遺族年金、育児休業給付、介護休業給付、所得税法上の配偶者と扱われていません。

　事実婚の配偶者の場合は税金の配偶者控除の対象にはなりませんのでご注意ください。

（2020 年 11 月現在）

	法律婚	事実婚	同性パートナー
健康保険	○	○	×
国民年金第3号被保険者	○	○	×
遺族年金（労災）	○	○	×
遺族年金	○	○※	×
所得税	○	×	×
育児休業給付	○	○	×
介護休業給付	○	○	×

※事実婚関係及び生計同一関係に関する申立書の提出が必要。

Q3 どのようにパートナーであることを証明するのでしょうか？

A 先進事例を参考にすると、以下のような方法の中から確認をとっているケースが多いようです。

また、法律婚の婚姻関係の確認書類と比較して、平等性や合理性を考えて同等の確認書類の提出を求めるように配慮している企業もあります。

- 従業員及びパートナーの住民票
- 自治体の発行しているパートナーシップ証明書
- 公正証書
- 結婚式の案内状
- 戸籍謄本（子に関する証明が必要な場合）
- 異性婚同様に何も公的提出書類を求めない　等

Q4 社内パートナーシップ制度を利用するとき、または利用事由が消滅した際の手続き書面のひな型はありますか？

A 書式は会社毎に自由ではありますが、本書の書式例もご活用ください。

「社内パートナーシップ制度利用申請書」（P.135）

「社内パートナーシップ制度利用停止届」（P.136）

Q5 悪用する人がいるのではないでしょうか？

A 今までの導入事例からはそのようなケースはありませんが、就業規則の懲戒事由に「虚偽の届け出又は申告を行った場合」という項目を入れ、懲戒処分の対象になることを従業員に周知することで、一定程度悪用の防止を図ることができます。

（1）現在の就業規則の規定を一つずつ改定していく方法

　「配偶者」や「子」の要件が出てくる規定は以下のような規定があります。この中の代表的な規程の規程例をご紹介していきます。

育児休業規程※、介護休業規程※、子の看護休暇、介護休暇、育児・介護のための所定外労働の制限、育児・介護のための所定外労働、時間外労働及び深夜業の制限並びに育児・介護短時間勤務等に関する取扱い、慶弔休暇、賃金規程、退職金の支払いに関する規程、転勤規程、社宅に関する規程、等

※育児休業給付、介護休業給付の対象は、2020年現在、事実上婚姻関係にある同性パートナーは対象にされていませんが、育児休業、介護休業については、対象となる労働者／対象家族の範囲を法律で示された範囲よりも広くすること等は差し支えないとされています（厚生労働省「育児・介護休業法のあらまし」）。

■　育児介護休暇規程

　就業規則で必ず定めなければならない事項に「絶対的必要記載事項」というものがあります（労働基準法第89条）。育児・介護休業法による育児・介護休業、子の看護休暇及び介護休暇は「休暇」に該当するため「絶対的必要記載事項」となりますので、必ず就業規則に記載をしましょう。

【規定例】育児介護休業規程等

（目的）

第1条　本規則は、従業員の育児・介護休業、子の看護休暇、介護休暇、育児・介護のための所定外労働、時間外労働および深夜業の制限ならびに育児・介護短時間勤務等に関する取扱いについて定めるものである。

　　なお、本条において「配偶者」とは、法律上の配偶者のほか、異性であるか同性であるかを問わず、事実上婚姻関係と同様の事情にある者を含む（他に法律上の配偶者がいる者を除く）ものとし、

「子」とは、実子、養子のほか事実上、養子縁組関係と同様の事情にあるものを含むものとする。

メモ

　厚生労働省では育児休業等の対象となる「子」の範囲は、このように幅広く解釈をしています。

　「法律上の親子関係がある子（養子を含む）のほか、特別養子縁組のための試験的な養育期間にある子、養子縁組里親に委託されている子、当該労働者を養子縁組里親として委託することが適当と認められているにもかかわらず、実親等が反対したことにより、当該労働者を養育里親として委託された子も含みます。」

② 慶弔休暇制度

　慶弔休暇制度は、就業規則に必ず定めなくてはならない事項ではありませんが、慶弔休暇制度等を設ける場合は、就業規則に規定しておきましょう。

【規定例】慶弔休暇

第○条　労働者が申請した場合は、次のとおり慶弔休暇を与える。

　　なお、本条において「配偶者」とは、法律上の配偶者のほか、異性であるか同性であるかを問わず、事実上婚姻関係と同様の事情にある者を含む（他に法律上の配偶者がいる者を除く）ものとし、「子」とは、実子、養子のほか事実上、養子縁組関係と同様の事情にあるものを含むものとする。

　一　本人が結婚したとき　　　　　　　　　　　○日
　二　配偶者が出産したとき　　　　　　　　　　○日

> 　三　配偶者、子または父母が死亡したとき　　　　○日
> 　四　兄弟姉妹、祖父母、配偶者の父母または兄弟姉妹が死亡した
> 　ときとき　　　　　　　　　　　　　　　　　　　　　　○日

③　退職金規程

　退職金を支給しない企業は就業規則に定める必要はありませんが、支給する場合は、就業規則に定めなくてはなりません。

　退職金を受け取る遺族の範囲は、労働基準法施行規則第42条、第43条では配偶者については事実上婚姻と同様の関係にあるものを含むとされています。また、遺言や事前に会社に退職金の支払先を伝えている場合はそれに従うことができるとされていますので、同性の事実上婚姻と同様の関係にある「配偶者」やその「子」等も指定できることになります。

> **参考【労働基準法施行規則】**
>
> 第42条　遺族補償を受けるべき者は、労働者の配偶者（婚姻の届出をしなくとも事実上婚姻と同様の関係にある者を含む。以下同じ。）とする。
>
> ２　（略）
>
> 第43条　前条の規定に該当する者がない場合においては、遺族補償を受けるべき者は、労働者の子、父母、孫及び祖父母で前条第2項の規定に該当しないもの並びに労働者の兄弟姉妹とし、その順位は、子、父母、孫、祖父母、兄弟姉妹の順序により、兄弟姉妹については、労働者の死亡当時その収入によって生計を維持していた者又は労働者の死亡当時その者と生計を一にしていた者を先にする。

2　労働者が遺言又は使用者に対してした予告で前項に規定する者
　のうち特定の者を指定した場合においては、前項の規定にかかわ
　らず、遺族補償を受けるべき者は、その指定した者とする。

【規程例】退職金の支払い方法

（退職金の支払方法および支払時期）

第○条　退職金は、支給事由の生じた日から○か月以内に、退職し
　た労働者（死亡による退職の場合はその遺族）に対して支払う。

2　遺族の範囲および順位は以下のとおりとし、先順位者にのみ全
　額を支払う。

　　　　第一順位　配偶者（性別を問わず、事実上婚姻関係と同様の
　　　　ものを含む）

　　　　第二順位　子

　　　　第三順位　父母

　　　　第四順位　孫

　　　　第五順位　祖父母

　　　　第六順位　兄弟姉妹

3　労働者が遺言又は使用者に対してした予告で前項に規定する者
　のうち特定の者を指定した場合においては、前項の規定にかかわ
　らず、遺族補償を受けるべき者は、その指定した者とする。

---

(2) 別規程として「社内パートナーシップ制度規程」を設ける方法

　就業規則本体に委任規定を定め、別規程として社内パートナーシップ制度
規程を設ける方法を紹介します。

社内パートナーシップ制度規程

（目的）
第1条　この規程は、○○株式会社（以下「会社」という。）の就業
　　規則その他会社で定める規程において、性別を問わず、従業員の事
　　実上の婚姻関係と同様の事情にある者(以下「パートナー」という。)
　　を、法律上の配偶者と同様に扱う制度（以下「社内パートナーシッ
　　プ制度」という。）を設けることを目的とする。

（申請方法）
第2条　社内パートナーシップ制度の利用を希望する従業員は、次
　　の書類のうちいずれか1点以上を添付のうえ「社内パートナーシッ
　　プ制度利用申請書」を提出し、会社の承認を受けることとする。
　　一　従業員及びパートナーの住民票
　　二　自治体の発行しているパートナーシップ証明書
　　三　その他、会社が指定する書類
　2　前項の申請に虚偽があることが判明した場合、会社の承認は承
　　認時に遡って無効となる。

（適用の開始日）
第3条　社内パートナーシップ制度は、会社が従業員からの申請を
　　承認した日から適用する。

（申請の取消し）
第4条　事実上の婚姻関係が解消した場合は、解消の日から1週間
　　以内に「社内パートナーシップ制度利用停止届」を提出しなけれ
　　ばならない。
　2　会社は前項について証明書類を求める場合がある。
　3　第1項の提出申出の遅延により、手当等が過分に支給された場
　　合は、返納をするものとする。

附則　この規程は○年○月○日より施行する。

申請日　年　月　日

○○株式会社
代表取締役　○○○○　殿

（従業員の部署）○○部
（従業員氏名）○○○○　㊞

社内パートナーシップ制度利用申請書

私は、下記の通り社内パートナーシップ制度の利用申請を致します。

記

内容を確認の上、□にチェックをしてください。

□　パートナーとは、事実上婚姻関係と同様の関係です。

□　私と私のパートナーには、他に法律上の婚姻関係にある
　　人物は存在しません。

□　申請内容に関して会社から確認に必要な書類の提出を求
　　められた場合には、遅滞なく提出をします。

パートナーとなった日／事実婚をした日
年　　　　月　　　　日

パートナーの氏名　　（ふりがな）

パートナーの住所　　〒

パートナーの緊急連絡先　　　　　（　　　　）

以上

申請日　年　月　日

○○株式会社
代表取締役　○○○○　殿

（従業員の部署）○○部
（従業員氏名）○○○○　㊞

社内パートナーシップ制度利用停止届

　私は、以下のとおり社内パートナーシップ制度の利用を停止することを届出します。

記

　内容を確認の上、□にチェックをしてください。

　　□　パートナーとは、事実上婚姻関係と同様の関係を解消しました。

　　□　申請内容に関して会社から確認に必要な書類の提出を求められた場合には、遅滞なく提出をします。

パートナー関係が消滅した日

_____　年　　　月　　　日

　　　　　　　　　　　（ふりがな）
パートナーの氏名　_____

以上

第4章

ケーススタディ
（LGBT と法務）

　第 1 章で LGBT に関する基礎知識を概観した上で、第 2 章で LGBT に関する経営・人事上の問題として、制度面や社内全体に対する具体的な施策、個別的な対応、LGBT と健康について紹介しました。

　本章では、これらを踏まえ、具体的な設例をもとに、具体的な場面で、経営者としてどのような点に留意すべきかについて紹介します。

1　性的指向や性自認を理由とする採用見送り

設　例　1

　当社は、毎年 1 回新入社員を採用しており、今年も例年どおり、新入社員の採用を考えています。

　先日行った新入社員の採用面接で、志望者から「履歴書には戸籍上の性別である『男性』と書いたが、実は自認する性別は女性である」と告白されました。

　同席していた社長が、いきなり「そういう人はご遠慮願います」といって採用面接を打ち切って出て行ってしまいました。

　私は、その採用面接に立ち会っていたのですが、この社長の対応に法的な問題はありますか？

ポイント

　①　志望者の性的指向や性自認を理由とする採用見送りは、不法行為となり得る。

　②　志望者の適性や能力と無関係なプライバシー情報である性自認や性的指向に関する確認や調査は、不法行為となり得る。

解　説

1　会社が社員を採用する場合、会社は当該社員との間で労働（雇用）契約を締結します。この労働契約は、会社（使用者）と社員（労働者）の合意によって成立する契約です（労働契約法第6条）。

　　会社は経済活動の一環として契約締結の自由を有しており、自己の営業のために社員を採用するにあたり、いかなる者を雇い入れるか、いかなる条件で雇うかについて、法律その他の特別の制限がない限り、原則として自由に決定できます（三菱樹脂事件・最判昭和48年12月12日）。

　　このように、社員の募集や採用は、原則として会社が自由に行うことができます。

2　他方で、上記の「法律その他の特別の制限」の1つとして位置づけられているのが、「雇用の分野における男女の均等な機会及び待遇の確保等に関する法律」（以下「男女雇用機会均等法」といいます）です。同法第5条では、「事業主は、労働者の募集及び採用について、その性別にかかわりなく均等な機会を与えなければならない」と規定されており、性別を理由とする募集・採用差別が違法であるとされています。

　　また、厚生労働省は「公正な採用選考の基本」（2016年）を示し、事業者向けに『公正な採用選考をめざして』を作成し、性自認や性的指向における採用の平等を求めています。

　　このような男女雇用機会均等法の趣旨や「公正な採用選考の基本」などを踏まえると、今後、性自認や性的指向を理由とする採用見送りが違法となり、不法行為と評価されることも考えられます。

3　今回の設例では、志望者から、履歴書に書いた戸籍上の性別と自認する性別が異なるトランスジェンダーであることを告げられたことを受けて、同席していた社長が、いきなり「そういう人はご遠慮願います」といって採用面接を打ち切って、出て行ってしまったとのことで、これは、明らかに、性自認を理由とする採用見送りで望ましくありません。

4　また、今回の設例では、履歴書で戸籍上の性別を求めたことが前提となっています。

　使用者は、応募者の人選、採用者の決定をするにあたって、その人物や能力等を知るために、履歴書への記載や面接での質疑等の方法で様々な事項について申告を求め情報を収集することがあります。この応募者への調査について、上述の三菱樹脂事件判決は、使用者が採用過程において労働者の思想・信条を調査しこれに関連する事項の申告を求めることも違法とはいえないとして、使用者の調査の自由を選択の自由から派生する自由として広く認めています。しかし、近年の個人情報保護やプライバシー保護の要請の高まりを踏まえると、今後、職務内容や職業能力との関連性がないにもかかわらず、労働者のプライバシーに関わる重大な事項について使用者が調査・質問することは、不法行為（民法第 709 条）にあたると考えることも可能です。

　そのため、履歴書への記載や面接での質疑等で、性別を調査・質問することは、職務内容や職業能力との関連性がある場合以外は、控えるのが望ましいといえます。

2　性自認を理由とする内定取消し

設　例　2

　ある内定者についてご相談です。

　その内定者は、履歴書の性別欄の「男」に○をつけ、採用面接時にも男性らしい言動をしていました。そのため、当社は、その内定者について営業職で採用内定通知を出しました。

　そうしたところ、その後にその内定者から「自分は履歴書の性別欄には『男』に○をつけており、性自認も男性、外見の上でも今は男性のように見えるが、実は戸籍上の性別は女性なので、理解してほしい」と言われました。

　この場合、会社として内定を取り消すことに法的な問題はありますか？

ポイント

① 採用内定は始期付き・解約権留保付きの労働契約が成立したと
評価される場合がある。

② 採用内定により労働契約が成立していると評価される場合、採
用内定の取消しが有効とされるのは、客観的に合理的と認められ
社会通念上相当として是認することができるものに限られる。

解　説

1　会社がある志望者に対して採用内定通知を出すことがあります。そして、
その後、入社に至る過程で、会社は、経営状況の変化や内定者の能力・非
違行為等を理由として、一旦出した採用内定を取り消すことがあります。

　採用内定取消しの前提である採用内定について、最高裁は、「いわゆる
採用内定の制度は、従来わが国において広く行われているところであるが、
その実態は多様であるため、採用内定の法的性質について一義的に論断す
ることは困難というべきである。したがつて、具体的事案につき、採用内
定の法的性質を判断するにあたつては、当該企業の当該年度における採用
内定の事実関係に即してこれを検討する必要がある」と述べた上で、具体
的な事案との関係では、採用内定通知のほかには労働契約締結のために特
段の意思表示をすることが予定されていなかったことから、会社からの募
集（申込みの誘引）に対し、求職者が応募したのは労働契約の申込みで、
これに対する会社からの採用内定通知は申込みに対する承諾である。これ
によって、両当事者に始期付き・解約権留保付きの労働契約が成立したと
判示しました（大日本印刷事件・最判昭和54年7月20日判決）。

　そして、このように、採用内定によって、始期付き・解約権留保付きの
労働契約が成立したことを前提として、採用内定の取消しについては、「客
観的に合理的な理由が存在し社会通念上相当として是認することができる
場合にのみ許される」とし、「採用内定の取消事由は、採用内定当時知る

ことができず、また知ることが期待できないような事実であつて、これを
理由として採用内定を取消すことが解約権留保の趣旨、目的に照らして客
観的に合理的と認められ社会通念上相当として是認することができるもの
に限られると解するのが相当である」と述べました。

　採用内定により労働契約が成立する場合には、その後の使用者による一
方的な解約は解雇にあたりますので、内定取消しにも解雇権濫用法理（労
働契約法第16条）が適用されるという構成をとられたものといえます。

2　今回のケースでも、採用内定通知を出したことで、始期付き・解約権留
　保付きの労働契約が成立したと評価される可能性があります。その場合、
　内定後に、「自分は、履歴書の性別欄には『男』に○をつけており、性自
　認も男性、外見の上でも今は男性のように見えるが、実は戸籍上の性別は
　女性なので、理解してほしい」と内定者から告げられたことが、「採用内
　定当時知ることができず、また知ることが期待できないような事実であっ
　て、これを理由として採用内定を取消すことが解約権留保の趣旨、目的に
　照らして客観的に合理的と認められ社会通念上相当として是認することが
　できるもの」に当たるのかが問題になります。

　確かに、「実は戸籍上の性別は女性」という点は、「採用内定当時知るこ
とができず、また知ることが期待できないような事実」と評価することは
できる場合もあると思われます。

　しかし、この内定者は、①履歴書の性別欄の「男」に○をつけ、採用面
接時にも男性らしい言動をしていたこと、②それを前提に営業職で採用内
定通知を出していること、③性自認も男性、外見の上でも今は男性のよう
に見えることからすると、戸籍上の性別が女性であることのみを理由とし
て採用内定を取り消すことは、「客観的に合理的と認められ社会通念上相
当として是認することができる」とは評価されない可能性が高いです。採
用内定取消しが解雇権の濫用とされる可能性が高いということです。

　このように、内定取消しが解雇権の濫用とされた場合には、内定取消し
は無効となります。そのため、会社としては、安易な内定取消しはすべき
ではないといえます。

　また、今回の設例では、履歴書の性別欄に、戸籍上の性別とは異なる「男」

に○をつけており、その点を理由に内定取消しをすることも考えられますが、性自認を基準にすれば虚偽記載ではない上、トランスジェンダーであることのカミングアウトを実質的に強制することにも繋がることから無効となる可能性が高いので、そのような内定取消しもすべきではないといえます。

3　なお、履歴書で性別を記載させることの問題性は、設例1の解説を参照してください。

3　ハラスメントへの対応

設 例 3

(1) 当社には、カミングアウトして働いている LGBT の当事者がいます。

　そのような中で、当事者ではない社員からもよく聞く話として、「お前、彼女いないのか？ まさかコッチ？」とか、「そろそろお嫁に行け」とかいうことを、取引先の社長から聞かれたり、いわれたりすることがあるというものです。

　こういう声を聞いた場合、会社としては何か対策を講じなければならないのでしょうか？

(2) 当社は、LGBT フレンドリーということを対外的にアピールして、当事者団体と連携して、D＆I経営に取り組んでいます。社内で研修もしています。

　しかし、それでも職場では差別的な発言をする社員が少なからずおります。そしてそういう職場であることを理由に退職してしまう社員もいます。

　会社として、差別的な発言をする社員に懲戒処分をすることはできるのでしょうか？

> （3）ある社員から相談を受けました。
>
> 　　その相談は、「SNSで社員同士が、LGBTの当事者について差別的なことを記載していた」というものです。
>
> 　　当社は、社内でハラスメント研修をするなど、ハラスメントに関する注意喚起をし、社内でも浸透していると感じていましたが、このような相談を受けたので、会社として何か措置をとりたいと考えています。
>
> 　　どのような措置が適切でしょうか？

ポイント

① 　いじめ・嫌がらせ（ハラスメント）は、社員の人格的利益を侵害し、働きやすい職場環境で働く利益を侵害する行為と捉えられ、刑事責任、民事責任が発生する場合がある。

② 　懲戒処分を行うためには、就業規則等の根拠、懲戒事由への該当、懲戒処分の相当性を満たしていることが必要である。

解　説

1　近年では、いじめや嫌がらせが、解雇や退職、労働条件引下げなどを超えて、個別労働紛争の相談件数のトップになるなど、いじめや嫌がらせが職場において問題になることが増えています。性的な言動によるセクシュアルハラスメント、職務上の地位・権限を背景とするパワーハラスメントなどが挙げられます。ハラスメントの態様としては、①性的要求など人格に関わる要求を拒否したことなどを理由として雇用上不利益な取扱いを受ける「対価型ハラスメント」や②人格に関わる言動により職場環境を悪化させる「環境型ハラスメント」に大別されることが多いです。

2　法的には、これらのいじめ・嫌がらせ（ハラスメント）は、社員の人格的利益を侵害し、働きやすい職場環境で働く利益を侵害する行為と捉えられています。ハラスメントに対する法的な責任としては、刑事責任のほか、

加害者の損害賠償責任（民法第709条）や使用者である会社の損害賠償責任（民法第715条）があります。

　また、会社は、社員にとって働きやすい職場環境を保つように配慮する義務（職場環境配慮義務）を負っている（労働契約法第5条）ため、安全配慮義務違反として損害賠償責任を負うこともあります。

3　男女雇用機会均等法は、性的な言動に対する対応により社員が労働条件上不利益を受けたり、就業環境が害されたりすることがないよう、事業主に雇用上必要な措置を講じる義務を課しています（第11条）。以前は女性に対するセクシュアルハラスメントを対象としてましたが、2006年改正によって、男性に対するセクシュアルハラスメントも含むものとされ、現在では、性的指向や性自認に関する言動もセクシュアルハラスメントに該当することが明記されました（「事業主が職場における性的な言動に起因する問題に関して雇用管理上講ずべき措置についての指針」（平成18年10月11日厚生労働省告示第615号）および同指針改正（平成28年8月2日厚生労働省告示第314号））。

　また、労働施策総合推進法が2019年5月に改正され、職場のパワーハラスメントについて、「職場において行われる優越的な関係を背景とした言動であって、業務上必要かつ相当な範囲を超えたものによりその雇用する労働者の就業環境が害されること」と定義し、事業主に対しパワーハラスメントを防止するために雇用管理上必要な措置を講じることが義務づけられました。これを受けた厚生労働省指針（令和2年1月15日厚生労働省告示第5号）では、性的指向や性自認に関する侮辱的な言動や、性的指向や性自認等の個人情報についての同意のない暴露も、パワーハラスメントに該当することが明記されました。

4　各設例について

これらを踏まえて、各設例について解説します。

①　設例（1）は、カミングアウトして働いているLGBT当事者の社員に対する取引先の社長の言動（「お前、彼女いないのか？　まさかコッチ？」、「そろそろお嫁に行け」）への対応についてです。

　職場におけるセクシュアルハラスメントの「性的な言動」、「就業環境

が害される」の判断は、被害を訴える社員の主観を重視しつつ、平均的な社員の感じ方を基準としてなされます（厚生労働省通達・平成18年雇児発第1011002号（第3・1（2）イ⑤）参照）。

　その観点で考えると、取引先社長の「お前、彼女いないのか？ まさかコッチ？」は、「男性は女性を恋愛の対象とするもの」という異性愛者であることを当然の前提とし、同性愛者に対する偏見に基づく発言と考えられます。ゲイである社員がセクシュアルハラスメントであると感じても不思議ではありませんし、平均的な社員としても同様に感じると考えられます。セクシュアルハラスメントには、「性的指向に関する偏見に基づく言動」も含まれることから、この取引先社長の言動もセクシュアルハラスメントに当たると考えられます。

　また、取引先社長の「そろそろお嫁に行け」は、「一定年齢に達すれば女性は結婚するもの」という女性に対する偏見に基づく発言と考えられます。これらの発言を受けて、セクシュアルハラスメントであると感じることはなんら特異な感じ方ではありません。そのため、この取引先の社長の言動もセクシュアルハラスメントに当たると考えられます。

　このように取引先の社長の言動はセクシュアルハラスメントに当たると考えられるものである場合、取引先社長の言動だからといって、そのまま放置すると、職場環境配慮義務違反として、会社自身が損害賠償責任を負うことも考えられます。

　そこで、会社としては、まずは、社員から詳しい事情を聴取するほか、取引先社長からも事情を聴く必要があります。その上で、取引先社長の言動がセクシュアルハラスメントに当たるということであれば、取引先社長に対してセクシュアルハラスメントへの会社の方針を伝え、理解と再発防止を求めます。それでも繰り返されるようであれば、会社として社員にとって働きやすい職場環境を保つために決断することも求められます。

② 設例（2）は、職場内での差別的な発言をする社員への懲戒処分についてです。

　懲戒処分とは、会社が社員に対して行う労働関係上の不利益措置のう

ち、企業秩序違反行為に対する制裁をいいます。

一般に、懲戒処分の種類としては、戒告・譴責・減給・出勤停止・降格・諭旨解雇・懲戒解雇があり、これらの順番で重くなります。

そして、懲戒処分については、労働契約法第15条で「使用者が労働者を懲戒することができる場合において、当該懲戒が、当該懲戒に係る労働者の行為の性質及び態様その他の事情に照らして、客観的に合理的な理由を欠き、社会通念上相当であると認められない場合は、その権利を濫用したものとして、当該懲戒は、無効とする」と規定されています。

懲戒処分が有効となるためには次の3つが必要とされます。

まず、**①就業規則上に懲戒処分の根拠が定められていること**が必要です。懲戒の理由となる事由と、これに対する懲戒の種類（譴責・減給・懲戒解雇など）を定めておくこと、また、どのような懲戒事由に、どの種類の処分が適用されるかの相対関係を明らかにしておくことが必要です。

次に、**②定められた懲戒事由に該当すること**が必要です。

社員の問題となっている行為が就業規則上の懲戒事由に該当し、「客観的に合理的な理由がある」と認められることが必要となります。

そして、**③懲戒処分が相当であること**が必要です。

懲戒処分についての相当性の原則です。会社が、当該行為や被処分者に関する情状を適切に酌量せずに、重すぎる処分をした場合は、社会通念上相当なものと認められないとして、懲戒権を濫用したものとして無効とされます。

具体的には、相当性（懲戒事由とそれに対応する処分の程度が相当なものであること）、手続的相当性（同じ懲戒事由に該当し、違反の程度が同程度である場合は、同じ処分とするなど、社員を公平に扱うこと。処分を行うにあたっては、適正な手続きをとること。特に被懲戒者たる社員に弁明の機会を与えること）が必要です。

この設例の場合も、会社としては、LGBTフレンドリーということを対外的にアピールして、当事者団体と連携して、D＆I経営に取り組んでいるにもかかわらず、社内の、職場で差別的な発言をする社員のため

に、退職してしまう社員がいるのは受け入れがたいとは思いますが、上記の3つをクリアする必要があります。

まず、会社の就業規則上に懲戒処分の根拠が定められているかどうか、定められているとして、「差別的な発言をする」ことが、就業規則上、定められた懲戒事由に該当するかどうかを確認することが必要です。

就業規則上に懲戒処分の根拠が定められており、その懲戒事由に「差別的な発言をする」ことが該当する場合、懲戒処分として相当かどうかを十分に確認する必要があります。

③ 設例（3）は、SNS上でのハラスメントへの対応についてです。

社内でハラスメントに関する注意喚起をして、社内でもハラスメントに対する意識が浸透していると感じている中で、「SNSで社員同士が、LGBTの当事者について差別的なことを記載していた」というのは受け入れがたい事態と考えられます。

しかし、SNSへの投稿自体が私生活上の行為である場合、根拠規定等がないかぎり、業務命令として投稿の削除を命じることは困難です。そこで、任意に社員に投稿内容を削除してもらうように削除要請をすることが考えられます。

その上で、懲戒処分（設例（2）の解説参照）やSNSの投稿によって会社が損害を被った場合は、会社は社員に対して、損害賠償請求をすることが考えられます。

また、同様なことが起きないように、定期的なSNSに関する教育を行うとともに、SNSの利用に関する規定の整備を行うなども事前の対策としては必要と考えられます。

4 トランスジェンダーと配置転換命令

設 例 4

　男性として採用し営業職に配属している社員が、最近になって「戸籍上の性別は『男性』で外見上も今は男性のように見えるが、自認する性別は女性なので、女性らしい格好で働きたい」とカミングアウトし、それ以降、女性の化粧、服装で取引先を訪問するようになりました。取引先からは、この社員の外見のことでクレームが来ており、対応に困っています。

　会社として、この社員に、女性の化粧、服装（女装）で勤務しないように打診しましたが、応じてもらえません。

　そこで、会社として、この社員を取引先とのトラブル防止という理由で、営業職から内勤に異動させるという配置転換命令を出すことを考えています。

　このような対応に法的な問題はありますか？

ポイント

① 配置転換命令は、雇用契約上の根拠があり、職種限定特約がない場合であっても、権利濫用として無効とされる場合がある。

② 権利濫用として無効とされるかどうかは、ⅰ）配置転換命令に業務上の必要性が存在するかどうか、ⅱ）他の不当な動機・目的をもってなされたものであるかどうか、ⅲ）労働者に通常甘受すべき程度を著しく超える不利益を負わせるものであるかどうかなどによって判断される。

解　説

1　配置転換は、一般に、同一使用者の下で、職務内容や勤務場所を、一定程度の長期にわたって変更することを指します。このうち、転居を伴うものを「転勤」、同一事業所内での部署の変更を「配置転換」と呼ばれることがあります。

　日本企業では、定期的に従業員の配置転換を行っているところが多く、この配置転換の多さが日本企業の人事労務管理の大きな特徴の1つといわれることがあります。

　配置転換には、①多くの職場や仕事を経験させて幅広い技能を身につけさせ、熟練させることを可能にしたり、②技術や市場が多様に変化していく中にあっても雇用を維持できるよう柔軟性を持たせることを可能にしたりといった意義がありますが、労働者の私生活に大きな影響を与えるという側面もあり、どのように調整していくかが課題となっています。

2　使用者が有効に配置転換を命じることができるためには、まず、配置転換命令権が、労働協約や就業規則の定め、個別雇用契約上の合意などで、雇用契約上根拠づけられていることが必要です。一般に、就業規則で、「会社は、業務上の必要性があるときは、配置転換を命じることができる」などと定められているのはそのためです。

　このように配置転換命令権が雇用契約上根拠づけられている場合でも、職務内容を限定する特別の合意（明示または黙示の合意、以下「職種限定特約」といいます）があるときには、配置転換命令権はその合意の範囲内のものに限定されます。また、当初の業務と配置転換先の業務の内容が大きく異なっていた場合には、当初の業務についての職種限定特約があるとして、配置転換命令が合意の範囲を超えるものであるとされることがあります。

　職種限定特約がない場合でも、ⅰ）配置転換命令に業務上の必要性が存在しない、ⅱ）他の不当な動機・目的をもってなされた、ⅲ）労働者に通常甘受すべき程度を著しく超える不利益を負わせるものであるとき等特段の事情が存在する場合には、配置転換命令は権利の濫用になる、とされて

います（東亜ペイント事件・最高裁昭和61年7月14日判決　P.85参照）。

3　今回の設例でも、まずは、この社員との間に雇用契約上、職種限定特約が存在しないことを確認しなければなりません。この社員に営業職への職種限定特約がある場合には、配置転換命令は無効となります。

　　次に、営業職への職種限定特約がない場合であっても、前記の判断基準に照らして、配置転換命令権の濫用に該当しないかどうかも検討する必要があります。

　　今回の設例では、会社は、「取引先とのトラブル防止」という理由で、営業職から内勤に異動させるという配置転換命令を出そうとしています。実際に、取引先からは、この社員の外見のことでクレームがきているということですが、これは、トランスジェンダーへの理解の不十分さに基づくものであったり、差別・偏見に基づくものといわざるを得ません。そのため、取引先からクレームがきていたとしても、直ちに、配置転換命令に業務上の必要性が存在するとは考えがたいといえるでしょう。

　　加えて、業務上の必要性が乏しい状況では、トランスジェンダーに対する差別意識に基づく嫌がらせや見せしめなどの不当な動機・目的をもってなされたと評価されることもあり得ます。

　　さらには、業務上の必要性が乏しい中で、従来の営業職とは業務内容が大きく異なる内勤に配置転換されることによって、この社員のキャリア上の不利益は大きいと考えれば、この社員に通常甘受すべき程度を著しく超える不利益を負わせるものと捉えられる可能性もあります。

4　このように今回の設例では、この社員との間に職種限定特約が存在していなかったとしても、配置転換命令権の濫用と評価され、会社による配置転換命令は無効と判断されてしまう可能性が高いです。

　　そのため、取引先から外見についてクレームがあったとしても安易に内勤への配置転換命令という方法をとるのではなく、取引先も含め、この社員の働き方への理解が得られるように会社として真摯な働き掛けをすることが望まれます。

5　同性パートナーと転勤命令

設 例 5

　先日、ある営業職の男性社員に遠方への営業所への転勤を内示しました。そうしたところ、その男性社員から、「実は、私は男性同性愛者で、長年ともに生活をしてきた同性のパートナーがいる。彼が今病気を抱えて入院生活をしていて、私しか介護できる者がいない。遠方の営業所への転勤はできない」といわれました。

　その男性社員に同性パートナーがいることと、病気を抱えて入院生活をしていること、他に介護できる者がいないことが確認できています。

　この場合、会社として、内示どおり、転勤を命じることに法的な問題はありますか?

ポイント

① 　転勤は、同一事業所内の配置転換に比べ、転勤対象となった社員に大きな不利益となる。

② 　転勤を命じるに際して、家族の介護の状況に配慮することが事業主に義務づけられており、配慮なしに転勤を命じると、権利濫用として無効となる場合もある。

解 説

1 　同一使用者の下で、職務内容や勤務場所を、一定程度の長期にわたって変更する「配置転換」のうち、転居を伴うものを「転勤」と呼びます。

　　使用者が有効に転勤を命じることができるためには、配置転換の場合と同様、①転勤命令権が、労働協約や就業規則の定め、個別雇用契約上の合意などで、雇用契約上根拠づけられていること、②勤務地を限定する特別

の合意（明示または黙示の合意、以下「勤務地限定特約」といいます）が
ないこと、③権利濫用に当たらないことが必要となります（設例4の解説
参照）。

　転勤は、同一事業所内の「（狭義の）配置転換」に比べると、転勤前後
の事業所が遠く離れていればいるほど、転勤対象となった社員に大きな不
利益となります。

2　今回の設例でも、まずは、この社員との間の雇用契約上、勤務地限定特
約が存在しないことを確認しなければなりません。この社員に遠方への営
業所への転勤を制限する内容の勤務地限定特約がある場合には、転勤命令
は無効となります。

　次に、そのような勤務地限定特約がない場合であっても、転勤命令権の
濫用に該当しないかどうかも検討する必要があります。判断基準は、設例
4の配置転換命令権の権利濫用の枠組みと同様ですので、参照してくださ
い。

　今回の設例では、男性社員から、「実は、私は男性同性愛者で、長年と
もに生活をしてきた同性のパートナーがいる。彼が今病気を抱えて入院生
活をしていて、私しか介護できる者がいない。遠方の営業所への転勤はで
きない」といわれ、会社としても、その男性社員に同性パートナーがいる
ことと、病気を抱えて入院生活をしていること、他に介護できる者がいな
いことが確認できているとのことです。

　このような同性パートナーの介護が、「労働者に通常甘受すべき程度を
著しく超える不利益を負わせる場合」といえるかどうかがポイントになり
ます。

　育児休業、介護休業等育児又は家族介護を行う労働者の福祉に関する法
律（育児・介護休業法）では、「事業主は、その雇用する労働者の配置の
変更で就業の場所の変更を伴うものをしようとする場合において、その就
業の場所の変更により就業しつつその子の養育又は家族の介護を行うこと
が困難となることとなる労働者がいるときは、当該労働者の子の養育又は
家族の介護の状況に配慮しなければならない」（第26条）と定め、子の
養育や家族の介護の状況に配慮することを事業主に義務づけています。そ

して、これを受けた厚生労働省の指針（平成21年厚生労働省告示509号）では、「配慮することの内容としては、例えば、当該労働者の子の養育又は家族の介護の状況を把握すること、労働者本人の意向をしんしゃくすること、配置の変更で就業の場所の変更を伴うものした場合の子の養育又は家族の介護の代替手段の有無の確認を行うこと等があること」として、社員自身の意向の尊重や育児・介護の代替手段の有無の確認を配慮の内容と定めています。

　これらの法律や指針はあくまでも一般論ですが、具体的な裁判例を見ても、今回のケースと同様な、育児・介護中の社員に行われた転勤の有効性については、有効・無効いずれのケースも存在しています。そのため、場合によっては、転勤命令権の濫用と判断されて、無効となってしまう可能性があります。

3　会社としては、今回の男性社員についても、上記の法律や指針を踏まえ、まずは、「同性パートナー」に対する介護の状況（入院生活をしている状況で男性社員の介護が必要な実態など）を十分に把握する必要があります。その上で、遠方の営業所の人員確保などの業務上の必要性がある場合でも、遠方への営業所ではなく、近隣の営業所への転勤を行うことで、玉突き的に遠方の営業所の人員を確保する方策を検討するなども行うことが望ましいといえます。

6　社内制度の同性パートナーへの対応

設 例 6

　当社は、社員に対して、介護休暇、育児休暇や慶弔休暇を認めており、慶弔見舞金も支給しています。これらについて、同性パートナーの親の介護や同性パートナーの連れ子の育児など、同性パートナーにも対応したいと考えています。これまでは、社員から個別に相談があった場合に対応していましたが、他に方法はないでしょうか？

① 　介護休暇は、法律上、その対象家族に同性パートナーが含まれるかどうか明確にされていない。

② 　育児休暇や慶弔休暇、慶弔見舞金は会社独自の制度で、会社の判断で、同性パートナーにも対応できるようにするのは望ましい。

解　説

1 　社内には、家族の状況に応じた様々な制度を設けている場合があります。今回の設例では、介護休暇、育児休暇、慶弔休暇、慶弔見舞金について、触れられています。

2 　まず、介護休暇とは、負傷、疾病または身体上もしくは精神上の障害により、要介護状態になった配偶者、父母および子、配偶者の父母の介護や世話を行う労働者に対して、介護や世話を行うための休暇をいいます（育児休業、介護休業等育児又は家族介護を行う労働者の福祉に関する法律第16条の5参照、同法第11条の介護休業とは違うことに要注意）。

　育児休暇とは、会社で独自に設定した、育児をするための休暇をいい、育児休業（同法第5条以下参照）や子の看護休暇（同法第16条の2以下参照）とは異なり、法律上の休暇ではありません。

　慶弔休暇は、社員自身やその近親者の結婚・出産（慶事）、近親者の死亡などによる葬式（弔事）の際に取得できる休暇のことをいい、慶弔見舞金とは、社員やその近親者の慶事や弔事に対して、会社が支給するお金のことをいい、どちらも会社が独自に設定するものです。

　以上のように、介護休暇は法律上の休暇であるのに対し、育児休暇や慶弔休暇、慶弔見舞金は会社独自の制度ということになります。

3 　介護休暇の対象家族については、「配偶者（婚姻の届出をしていないが、事実上婚姻関係と同様の事情にある者を含む。以下同じ。）、父母及び子（これらの者に準ずる者として厚生労働省令で定めるものを含む。）並びに配

偶者の父母をいう」とされています（同法第2条第4号）。そして、父母および子に準ずる者については、「祖父母、兄弟姉妹及び孫」と定められています（育児休業、介護休業等育児又は家族介護を行う労働者の福祉に関する法律施行規則第3条）。このように法律上、介護休暇の対象家族に同性パートナーが含まれるかどうか明確にされていませんが、会社が独自に同性パートナーにも対応できるようにするのは望ましいといえます。なお、同じく法律上の休暇である、育児休業や子の看護休暇についても、「その養育する」「子」（同法第5条第1号、第3号および第4号参照）や、「子を養育する労働者」（同法第16条の2第1項参照）と定めるのみで、育児休業や子の看護休暇の対象となる「子」に同性パートナーの子が含まれるかどうか明確にされていませんが、上記介護休暇の対象家族同様、会社が独自に同性パートナーにも対応できるようにするのは望ましいといえます。

　また、育児休暇や慶弔休暇、慶弔見舞金は会社独自の制度ですので、会社の判断で、同性パートナーにも対応できるようにするのは全く問題ないばかりか、そのようにすることが望ましいといえます。

4　これらについて、社員から個別に相談があった場合に対応する形でもよいですが、さらに、社内規程を同性パートナーにも対応できるよう改めた上で、説明会を開いたりするなど、同性パートナーにも対応していることを周知することが望ましいと考えられます。

7　海外赴任と LGBT 当事者の安全

設 例 7

　当社は、海外にも支社をもつグローバル企業です。赴任先の国によっては、LGBT 当事者を危険にさらすことになってしまいます。社員の安全を守る観点から、適切に対応したいと考えていますが、カミングアウトしていない場合にどのように対応するのが適切でしょうか？

ポイント

① 社員を海外に赴任させる場合には社員に対する安全配慮義務が問題となる。

② 安全配慮義務の一内容として、赴任先の国や地域における、同性愛行為等に関する刑罰の有無やその範囲等を調査する義務が認められることもある。

解　説

1　社員を海外に赴任させる場合に問題となるのは、会社の社員に対する安全配慮義務です。

　労働契約法第5条は、「使用者は、労働契約に従い、労働者がその生命、身体等の安全を確保しつつ労働することができるよう、必要な配慮をするものとする」と規定し、会社の社員に対する安全配慮義務を定めています。

　労働契約法には罰則がありませんが、安全配慮義務を怠った場合、会社に損害賠償責任が生じます（民法第709条、民法第715条、民法第415条）。

2　海外では、現時点でも、同性愛行為等が違法行為・犯罪とされ、刑罰を科される可能性がある国や地域があります。国や地域によって、刑罰の適用対象となるのが、ゲイ、レズビアン、バイセクシュアルに限られるのが、トランスジェンダーやインターセックスにも適用されるのかが異なります。そして、科される刑罰も、中には、最高刑が死刑とされている国や地域もあります。

　また、犯罪とされ刑罰が科される国や地域以外にも、事実上違法とされている国や地域もあります。

3　このような状況の中で、LGBT当事者を海外赴任させると場合によっては、LGBT当事者の生命や身体を危険にさらしてしまう可能性があります。そのため、安全配慮義務の一内容として、会社には、赴任先の国や地域における、同性愛行為等に関する刑罰の有無やその範囲等について調査する

義務があるとされる可能性もあります。

　このような調査義務が肯定されると、それを怠った結果、LGBT 当事者の社員を同性愛行為等が禁止されている国や地域に赴任させた場合には、会社は安全配慮義務違反に基づく損害賠償責任等を負担することが考えられます。

4　カミングアウトしている社員との関係では、比較的会社の対応はとりやすいと思いますが、当然ながら、カミングアウトしていない社員もいます。そこで、社員がカミングアウトしていない場合の対応としては、以下のような対応が望ましいと考えられます。

　①　定期的に、赴任先の国や地域における、同性愛行為等に関する刑罰の有無やその範囲等を調査する。

　②　調査した最新の情報を全社員に提供する。

　③　それを踏まえて、定期的に、事前に、社員に赴任先に関するアンケートをとる。

　④　内示の段階で、社員と面談し、最終的な意向を確認する。

8　同性パートナーの在留資格と同性婚

設例 8

　当社のある外国籍の社員のご相談です。

　その社員は、海外の赴任先で、現地で知り合った同性パートナーと結婚しました。その赴任先の国は同性間の結婚が法的に認められている国でした。

　会社としては、その社員に日本の支社に赴任してもらいたいと考えていますが、先日、軽く打診してみた時に、日本に赴任したら家族としての扱いがなくなってしまうからと難色を示されました。

　会社として何らかの対応はできないでしょうか？

解　説

1　同性間の婚姻は、2001年のオランダをはじめとして、2020年5月の
コスタリカで、28の国や地域で認められています。

　日本では、2015年の渋谷区の「渋谷区男女平等及び多様性を尊重する
社会を推進する条例」によるパートナーシップ証明（同条例第10条）を
皮切りに、様々な自治体で、パートナーシップ承認制度が導入されていま
す（2021年3月1日時点では78自治体で導入）。

　しかし、法律上の婚姻としては、現時点でも、戸籍上の性別が異性間の
婚姻のみしか認められておらず、同性間の婚姻は認められていません。

2　このように、日本で法律上の婚姻として同性間の婚姻が認められていな
いことから、同性パートナーと結婚している外国籍の社員が日本に赴任す
る場合、家族としての扱いがされないのではないかと心配されることがあ
ります。

3　まず、在留資格について見てみると、外国籍の社員の同性パートナーが
日本国籍を有する日本人かどうかで変わってきます。

　外国籍の社員の同性パートナーが日本人である場合、「日本人の配偶者
等」という在留資格は、日本の法律で婚姻が認められる配偶者に限られる
とされており、同性間の婚姻が認められていないため、同性間の婚姻が法
的に認められている国で有効な婚姻をしたとしても、外国籍の社員に「日
本人の配偶者等」という在留資格は認められません。

　　外国籍の社員の同性パートナーが外国人の場合、つまり外国人同士の場合には、それぞれの国で有効な同性間の婚姻をし、2人のうちの一方に日本での在留資格があれば、もう一方には「特定活動（告示外）」という在留資格が認められます。

　　では、外国籍の社員の同性パートナーが日本人である場合にも、「特定活動（告示外）」の在留資格が認められるかというと、認められていません。これまで在留が認められた2つのケースは、いずれも在留特別許可という形で、常に在留が認められるとは言い切れないのが現状です。

　　そのため、同性パートナーと結婚している外国籍の社員が日本に赴任する場合、同性パートナーであるという理由のみでは、同性パートナーの方に在留資格が認められない可能性もあります。

4　在留資格が認められて日本に在留することができるとなった場合であっても、日本では、同性間の婚姻は法律上認められていないことから、相続人となることができないなど、法律上、異性間の夫婦と同様には扱われないことがあります。

5　そこで、会社として、可能な限り、同性パートナーについても「家族としての扱い」ができるようにするのが望ましいと考えられます。この点については、設例6の解説を参照してください。

第5章

関連裁判例

この章では、LGBT に関する主な裁判例を紹介します。これらの裁判例を通じて、実際の裁判でどのようなことが問題になり、それに対して裁判所がどのように判断したのかを知り、今後の労務管理の参考にすることができます。

1　府中青年の家事件

（東京地裁判決 1994 年 3 月 30 日、東京高裁判決 1997 年 9 月 16 日）

《事案の概要》

同性愛者への差別をなくす活動をする団体「動くゲイとレズビアンの会」が、東京都の宿泊施設「府中青年の家」で合宿中、他の利用者から嫌がらせを受け、次の利用について、「複数の同性愛者を同室で宿泊させた場合、性的行為に及ぶ可能性があり、重大な混乱や摩擦を招き、青少年の性意識に多大な悪影響を及ぼす」等という理由で不承認とされた事案

《裁判所の判断》

裁判所は、

「都教育委員会が、青年の家利用の承認不承認にあたって男女別室宿泊の原則を考慮することは相当であるとしても、右は、異性愛者を前提とする社会的慣習であり、同性愛者の使用申込に対しては、同性愛者の特殊性、すなわち右原則をそのまま適用した場合の重大な不利益に十分配慮すべきであるのに、一般的に性的行為に及ぶ可能性があることのみを重視して、同性愛者の宿泊利用を一切拒否したものであって、その際には、一定の条件を付するなどして、より制限的でない方法により、同性愛者の利用権との調整を図ろうと検討した形跡も窺えないのである。したがって、都教育委員会の本件不承認処分は、青年の家が青少年の教育施設であることを考慮しても、同性愛者の利用権を不当に制限し、結果的、実質的に不当な差別的取扱いをしたものであり、施設利用の承認不承認を判断する際に、その裁量権の範囲を逸脱したものであって、地方自治法第 244 条第 2 項、都青年の家条例第 8 条の解釈適用を誤った違法なものというべきである」

「都教育委員会を含む行政当局としては、その職務を行うについて、少数者である同性愛者をも視野に入れた、肌理の細かな配慮が必要であり、同性愛者の権利、利益を十分に擁護することが要請されているものというべきであって、無関心であったり知識がないということは公権力の行使に当たる者として許されないことである」

と判断し、賠償請求を認めました。

2　一橋大学法科大学院アウティング事件

（東京地裁判決 2018 年 2 月 27 日、東京高裁判決 2020 年 11 月 25 日）

同性愛者であることを同級生に暴露された後、大学の建物から転落死した一橋大学法科大学院生の男性の遺族が、「被害を申告した後の対応が不十分だった」として同大に損害賠償を求めた事案で、裁判所は、相談を受けていた教授が学生に体調を尋ねたり、アウティングをした同級生と接触しなくて済むよう工夫したりすることが「望ましい行動であったとはいえる」が、「安全や教育環境への配慮義務に違反したとは認められない」と判断して、請求を棄却しました。

なお、控訴審の東京高裁は、「本件アウティングは、（亡くなった学生が）それまで秘してきた同性愛者であることをその意に反して同級生に暴露するものであるから、（亡くなった学生の）人格権ないしプライバシー権を著しく侵害するものであって、許されない行為であることは明らかである」とし、亡くなった学生とアウティングをした同級生の間に葛藤があったとしても、「そのことは本件アウティングを正当化する事情とはいえない」としました。

3　愛知ヤクルト工場カミングアウト強制事件

（2016 年 6 月 28 日名古屋地裁提訴）

性同一性障害（戸籍上は男性）の社員が、家庭裁判所で女性名への変更が認められたことから、上司に健康保険証などの変更手続きを依頼したが、そ

の際、職場では男性名で働きたいと要望する一方、更衣室は男性用を使わなくて済むように配慮を求めたにもかかわらず、会社側から、一方的に掲示物や名札を女性名に変えられた上で、役員用更衣室などの使用を認める代わりに、同じ課の従業員の前で複数回カミングアウトするよう強制され、うつ病を発症したという事案で、社員が会社に対して、損害賠償を求めました。その後の状況については公表されておらず、不明。

4　経済産業省トイレ制限事件

（東京地裁判決 2019 年 12 月 12 日、双方控訴で東京高裁に係属中）

《事案の概要》

戸籍上は男性、性自認は女性である経済産業省職員が、人事異動や女性トイレの使用制限は違法であるとして、国に処遇改善や損害賠償を求めた事案

《裁判所の判断》

裁判所は、

「性別は、社会生活や人間関係における個人の属性の一つとして取り扱われており、個人の人格的な生存と密接かつ不可分のものということができるのであって、個人がその真に自認する性別に即した社会生活を送ることができることは、重要な法的利益として、国家賠償法上も保護されるものというべきである」

「トイレが人の生理的作用に伴って日常的に必ず使用しなければならない施設であって、現代においては人が通常の衛生的な社会生活を送るに当たって不可欠のものであることに鑑みると、個人が社会生活を送る上で、男女別のトイレを設置し、管理する者から、その真に自認する性別に対応するトイレを使用することを制限されることは、当該個人が有する上記の重要な法的利益の制約に当たると考えられる」

とした上で、

「確かに、これまで社会において長年にわたって生物学的な性別に基づき男女の区別がされてきたことを考慮すれば、身体的性別及び戸籍上の性別が

男性で、性自認が女性の性同一性障害である職員に対して女性用トイレの使用を認めるかどうかを検討するに当たっては、そのような区別を前提として女性用トイレを使用している女性職員に対する相応の配慮も必要であると考えられる。そして、被告は、我が国においては、性同一性障害の者が自認する性別に応じた男女別施設を利用することについて、必ずしも国民一般においてこれを無限定に受容する土壌が形成されているとまではいい難い状況にあるというほかない旨を指摘するところ」「我が国や諸外国において、法律上の性別変更をしていないトランスジェンダーによるトイレ等の男女別施設の利用については、多目的トイレや男性と女性の双方が使用することのできるトイレの使用等を提案し、推奨する考え方も存在するところであって、必ずしも自認する性別のトイレ等の利用が画一的に認められているとまではいい難い状況にあるということができる」

「しかしながら、生物学的な区別を前提として男女別施設を利用している職員に対して求められる具体的な配慮の必要性や方法も、一定又は不変のものと考えるのは相当ではなく、性同一性障害である職員に係る個々の具体的な事情や社会的な状況の変化等に応じて、変わり得るものである。したがって、被告の指摘に係る上記のような状況を前提としても、そのことから直ちに上記のような性同一性障害である職員に対して自認する性別のトイレの使用を制限することが許容されるものということはできず、さらに、当該性同一性障害である職員に係る個々の具体的な事情や社会的な状況の変化等を踏まえて、その当否の判断を行うことが必要である」
と判断して、処遇改善と損害賠償を認めました。

5　性同一性障害者乗務禁止事件

（大阪地裁決定 2020 年 7 月 20 日）

《事案の概要》

　戸籍上は男性だが、性自認は女性で「性同一性障害」と診断されたタクシー運転手は、性同一性障害と診断を受けたことを伝えた上で会社に雇用された

ため、化粧をして勤務していたが、乗客から苦情があったとして、複数の上司から「化粧はないやん。男性やねんから」「治らんでしょ。病気やねんから」などといわれた上、化粧を理由にタクシー乗務を禁止され、賃金も支払われなくなったことから、化粧を理由に乗務を禁じたのは不当だとして、会社に勤務先に賃金の支払いを求めた事案

《裁判所の判断》

裁判所は、

「外見を女性に近づけ、女性として社会生活を送ることは自然かつ当然の欲求」とし、「個性や価値観を過度に押し通すものと評価すべきではなく、女性乗務員と同等に化粧を認める必要がある」とした上で、会社側の「客離れが起きる」という主張については、「乗客の多くが不寛容とは言えない」と判断して、賃金の支払を認めました。

6　HIV 陽性者採用内定取消事件

（札幌地裁判決 2019 年 9 月 24 日）

《事案の概要》

ヒト免役不全ウイルス（HIV）の感染を告げなかったことを理由に病院に採用の内定を取り消されたのは違法だとして、社会福祉士の男性が病院を運営する社会福祉法人に対し、慰謝料などの支払いを求めた事案

《裁判所の判断》

裁判所は、

「近年、HIV に関する医学的知見が進展し、治療方法が確立されてきているものの、現在でもなお HIV 感染者に対する社会的偏見や差別が根強く残っていることは公知の事実」であり、「HIV に感染しているという情報は、極めて機密性が高く、その取扱いには極めて慎重な配慮が必要であるというべきである」とする一方、

「HIV は、性行為を除く日常生活によっては感染せず（性行為による感染

率も１％程度と極めて低いものである。）、血液を介しての感染についても、HIV が存在する血液の輸血や注射器具の共用など、極めて例外的な状況でのみ感染が想定されるものである」として、「原告が被告病院で稼働することにより他者へ HIV が感染する危険性は、無視できるほど小さいものであったというべきである。以上の事情を総合考慮すると、原告が被告に対し、HIV 感染の事実を告げる義務があったということはできない」

「原告が被告に対し、HIV 感染の事実を告げる義務はなかったのであるから、原告が本件面接において持病の有無を問われた際に上記事実を告げなかったとしても、これをもって内定を取り消すことは許されないというべきである」として、慰謝料の支払いを認めました。

なお、裁判所は、「HIV に感染しているという情報は、極めて秘密性が高く、その取扱いには極めて慎重な配慮が必要であるのに対し、HIV 感染者の就労による他者への感染の危険性は、ほぼ皆無といってよい。そうすると、そもそも事業者が採用に当たって応募者に無断で HIV 検査をすることはもちろんのこと、応募者に対し HIV 感染の有無を確認することですら、HIV 抗体検査陰性証明が必要な外国での勤務が予定されているなど特段の事情のない限り、許されないというべきである」とも判断しています。

7　S社性同一性障害者解雇無効事件

（東京地裁決定 2002 年 6 月 20 日）

戸籍上の性別は男性である性同一性障害の社員が、服務命令に違反して女性の容姿で出勤した行為が、就業規則所定の懲戒解雇事由に該当するとして、懲戒解雇された事案で、裁判所は、女性の容姿をした社員を就労させることが、会社における企業秩序または業務遂行において、著しい支障を来すと認めるに足りる疎明はないとして、懲戒解雇を無効と判断しました。

8　ゴルフクラブ入会拒否事件

（静岡地裁浜松支部判決 2014 年 9 月 8 日、東京高裁判決 2015 年 7 月 1 日）

《事案の概要》

　ゴルフクラブへの入会を希望した女性が、性同一性障害により男性から女性へ性別変更をしていたことを理由に入会およびゴルフクラブ経営会社の株式譲渡承認を拒否されたため、ゴルフクラブに対して、慰謝料等の支払いを求めた事案

《裁判所の判断》

　裁判所は、

　女性が「性同一性障害であること及びその治療を受けたことを理由として、控訴人クラブの定めに従って入会申込みの手続を行えば入会申込みを拒否されることはないであろうとの期待ないし信頼を裏切られ、いわれのない不利益を被ったこと、このような理由による本件入会拒否及び本件承認拒否によって、被控訴人は、自らの意思によってはいかんともし難い疾病によって生じた生物的な性別と性別の自己意識の不一致を治療することで、性別に関する自己意識を身体的にも社会的にも実現してきたことを否定されたものと受け止め、人格の根幹部分に関わる精神的苦痛を受けたことも否定できないことも考慮すると、本件入会拒否及び本件承認拒否は、憲法第 14 条第 1 項及び国際人権 B 規約第 26 条の規定の趣旨に照らし、社会的に許容しうる限界を超えるものとして違法というべきである」

として、慰謝料の支払いを認めました。

9　四谷警察署留置場事件

（東京地裁判決 2006 年 3 月 29 日）

《事案の概要》

　戸籍上および生物学上の性が男性であるが、内心および身体の外形において女性である横領事件の被疑者が、留置されていた警察署付属の留置場にお

いて、①傷病調査等の際、男性警察官らにより全裸にさせられたこと、②単独房ではなく、一般の男性留置人らも同室する共同房に入れられたこと、③衣服に箸を隠したなどと疑われ、男性警察官らにより全裸にされたことなどの事実があったとして国家賠償を求めた事案

《裁判所の判断》

　裁判所は、

　「本件では、MtFに対する身体検査が問題となっており、直ちに一般の女子に対するのと同様に扱うことはできないとしても、前記の必要最小限性、相当性の判断は、具体的事情に応じてなされるべきであり、少なくとも、内心において女性であるとの確信を有し、外見上も女性としての身体を有する者に対する身体検査においては、特段の事情のない限り、女子職員が身体検査を行うか、医師若しくは成年の女子を立ち会わせなければならないと解するのが相当である」

　「留置場の管理者は、以上のような事情のある原告を留置する場合には、被疑者留置規則第12条第1項、監獄法第3条第1項で男女を区分して留置することが定められている趣旨に照らし、その名誉、羞恥心及び貞操等を保護し、留置場内の規律を維持するため、原則として、原告を男子と区分して留置すべきであると言える」

と判断し、慰謝料の請求を認めました。

10　性同一性障害者嫡出推定事件

（最高裁決定 2013 年 12 月 10 日）

《事案の概要》

　性同一性障害特例法に基づき戸籍上の性別を女性から変更した男性と、第三者の精子を使った人工授精で妻が産んだ長男との間に法律上の父子関係が認められるかが争われた事案

《裁判所の判断》

裁判所は、

「特例法に基づき男性への性別の取扱いの変更の審判を受けた者は、以後、法令の規定の適用について男性とみなされるため、民法の規定に基づき夫として婚姻することができるのみならず、婚姻中にその妻が子を懐胎したときは、同法772条の規定により、当該子は当該夫の子と推定される」

「性別の取扱いの変更の審判を受けた者については、妻との性的関係によって子をもうけることはおよそ想定できないものの、一方でそのような者に婚姻することを認めながら、他方で、その主要な効果である同条による嫡出の推定についての規定の適用を、妻との性的関係の結果もうけた子であり得ないことを理由に認めないとすることは相当でないというべきである」

として、法律上の親子関係を認めました。

11　外国人同性パートナー在留資格事件

（2017年3月24日東京地裁提訴、訴え取下げ）

台湾国籍の男性が日本人の同性パートナーと20年以上同居していたにも関わらず、不法滞在を理由として退去強制処分がなされたことから、その取消しを求めて提訴した事案で、男性やパートナーへの尋問を終えた後に、再審査の申請をし、2019年3月15日に「定住者」の在留特別許可が与えられたことから、訴えの取下げにより訴訟は終了しました。

12　同性パートナー不貞行為事件

（宇都宮地裁真岡支部判決2019年9月18日、東京高裁判決2020年3月4日）

《事案の概要》

同性パートナーとアメリカで結婚し、日本で長期間一緒に暮らし、子育てのための新居の購入までしていた女性が、パートナーの不貞行為をきっかけに結婚の解消を余儀なくされ、精神的苦痛を受けたとして、元パートナーと

その結婚相手に対して損害賠償を求めた事案

《裁判所の判断》

　裁判所は、

　「同性カップルであっても、その実態に応じて、一定の法的保護を与える必要性は高いということができる」とし、

　「同性カップルであっても、その実態を見て内縁関係と同視できる生活関係にあると認められるものについては、それぞれに内縁関係に準じた法的保護に値する利益が認められ、不法行為法上の保護を受け得ると解するのが相当である」

と判断し、慰謝料の請求を認めました。

13　同性パートナー火葬立会拒否事件

（大阪地裁判決 2020 年 3 月 27 日）

《事案の概要》

　同性同士での生活を 40 年以上続けてきたパートナーの急逝後、パートナーの親族に共に築いたはずの財産を相続され、火葬に立ち会う機会なども奪われたとして、残された男性が、亡くなったパートナーの親族に慰謝料の支払いと財産の引渡しを求めた事案

《裁判所の判断》

　裁判所は、パートナーが同性愛者であることや男性との関係を隠していたと指摘し、親族は男性について「（パートナーが）雇用している従業員で、同居の居候と認識していた」とし、夫婦同様の関係にあると親族が認識していた証拠はなく、不法行為は成立しないと判断して、請求を棄却しました。

14　同性パートナー犯罪被害遺族給付金不支給事件

（名古屋地裁判決 2020 年 6 月 4 日）

《事案の概要》

　同居のパートナー男性が殺害され、犯罪被害給付制度に基づき申請した遺族給付金について、公安委員会が「同性」を理由に不支給としたのは違法として、愛知県を相手に不支給処分の取り消しを求めた事案

《裁判所の判断》

　裁判所は、

　同性の犯罪被害者と共同生活関係にあった者が犯給法第 5 条第 1 項第 1 号の「婚姻の届出をしていないが、事実上婚姻関係と同様の事情にあった者」に該当するためには、同性間の共同生活関係が婚姻関係と同視し得るものであるとの社会通念が形成されていることを要するとした上で、本件処分当時の我が国において同性間の共同生活関係を婚姻関係と同視し得るとの社会通念が形成されていたということはできないというほかないと判断して、請求を棄却しました。

第6章

企業インタビュー

　本書では、LGBT 施策に取り組んでいる企業 4 社にお話しを伺いました。インタビューを通じて、SOGI（性的指向・性自認）、年齢、勤務年数、国籍、障害の有無等に関わらず、従業員一人ひとりが、アイデアを出し合える風通しの良い風土を感じました。その結果、離職率の低下や生産性の向上はもちろん、働きやすさ、働きがい、エンゲージメントの向上に繋がっていることが印象的です。ぜひ導入のご参考にしてください。

アライ

　「アライ」とは英語の同盟や支援を意味する ALLY（アライ）が語源で、LGBT アライとは、性的マイノリティを理解し、支援する意思がある人のことを指します。

　アライには LGBT 非当事者だけではなく、例えばレズビアンの人がトランスジェンダーのアライになる、というように、LGBT 当事者も含まれます。

　企業として LGBT アライを表明する方法は、全国各地で行われているレインボープライドという LGBT 関連のイベントへ出展・協賛することや、work with Pride に参加するなどがあります（P.175 コラム参照）。

　その他、ステッカーなどのオリジナルレインボーグッズを作成し、従業員が携帯電話やパソコン、デスクの見えるところに貼り、LGBT アライであることを可視化する取組みもあります。

　アライになったからといって、すぐに LGBT 当事者からカミングアウトを受けるわけではないかもしれません。LGBT 当事者の多くは、家族や恋愛などプライベートの相談と同じように「誰までカミングアウトするか」を考えながら、カミングアウトの範囲を判断します。

企業の LGBT 施策を評価する指標
work with Pride

work with Pride

　work with Pride は、企業などの団体において、LGBTQ、すなわちレズビアン・ゲイ・バイセクシュアル・トランスジェンダーなどの性的マイノリティに関するダイバーシティ・マネジメントの促進と定着を支援する任意団体です。

　work with Pride は、日本の企業内で「LGBTQ」の人々が自分らしく働ける環境づくりを進めるための情報を提供し、各企業が積極的に取り組むきっかけを提供することを目的としています。

　work with Pride の『PRIDE 指標』へ応募し、取組みを行うことは、LGBT 施策を進める道しるべとなり、また、認定マークを獲得することで、社外的にアピールできるものとなりますので、ぜひホームページ等をのぞいてみてください。

（手島）
work with Pride ホームページを引用

企業での取組み

エス・エー・エス株式会社

創 業 年 月 日：1995 年 10 月 4 日

資　本　金：5,000 万円

従 業 員 数：127 名（グループ全体 151 名）

業 務 内 容：・最新技術を駆使したオーダーメイドのシステム構築およ
　　　　　　　　びコンサルティング

　　　　　　・金融／流通／クレジット業向けのシステム構築およびコ
　　　　　　　ンサルティング

　　　　　　・バックオフィス業務の支援を中心としたクラウドサービ
　　　　　　　スの開発／提供

■経営理念

　経営理念は「常に質の高いサービスを提供し、会社のスキルアップを通じて、SAS 全メンバーの生活水準の向上を図ると共に、社会の笑顔に貢献していく」です。使命は「すべては笑顔のために」の実現のために、ワークライフバランス、人材戦略、人事制度、福利厚生に取り組んでいます。ダイバーシティ＆インクルージョン方針（D&I 方針）も経営理念に通じるものと考えて取り組んでいます。

当社はダイバーシティ（多様性）＆インクルージョン（包摂・受容）の重要性を理解することにより「すべては笑顔のために」の使命のもと、性別、年齢、国籍、宗教、社会的身分、障がいの有無、性的指向・性自認、働き方等の違いを尊重したうえで、誰もが自分らしくありのままで生きられる社会の実現を願いながら持続的な経営を推進し、社会に対する責任を果たしていきたいと考えています。

■取組みをしたきっかけ

時差Biz（東京都が行う働き方改革のひとつで、通勤ラッシュ回避のために通勤時間をずらす活動　https://jisa-biz.tokyo/）に参加した際に、他の参加企業の方にLGBT施策について聞いたことがきっかけです。

■導入について

もともと経営理念実現のためにIT業界No.1の福利厚生を目指しています。例えばその1つに家族が一緒に参加できるファミリーデーや社員旅行があります。元々その家族の中に同性パートナーも含んでいました。また、SDGsについても積極的に取り組んでいます。SDGsの目標の1つに「ジェンダー平等」があり、社長も重要視しているため、スムーズに取り組むことができました。

■具体的な取組み内容

まず採用の現場では、レインボーグッズを置くことでアライであることを表明しました。例えば「合同企業説明会などでレインボーフラッグを置く」「レインボーのバッジを身につける」「アンケートの性別欄に『その他』を加える」「就活サイトでLGBTアライであることを明記する」などです。

次に、制度について、相談窓口

の設置、社内パートナーシップ制度、育児介護休暇制度を同性パートナーも取得できるように改定をしました。

　そして「work with Pride」に応募をし「PRIDE 指標」最上位のゴールドを受賞しました。この work with Pride の評価項目は LGBT 施策を導入する上でとても参考になりました。

■取り組む上で気をつけた点

　取組みを検討している段階で、社長・役員が外部の LGBT に関する研修を受講し正しい知識の習得の機会を設けました。

　導入後は、従業員にも全体会議の中で LGBT に関する研修を含めて継続的に啓発をしています。

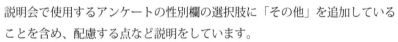

　また理解度を確認するために無記名の意識調査アンケートを実施しています。

　学生対応を行う社員には、会社説明会で使用するアンケートの性別欄の選択肢に「その他」を追加していることを含め、配慮する点など説明をしています。

■取り組んだ効果

　採用活動においては、学生との接触数が増えたように感じます。

　採用者の中には、アンケートの性別欄に「その他」が入っていることに対して「感動した」といってくれる学生もいました。他にも同じようなことをいってくれる学生がいて、LGBT アライであることは採用面にもよい効果があると実感しています。

　また、社内規程についても風土はあるけれど制度に落とし込めていなかった部分を整備するきっかけとなりました。

■取引先の反応

柔軟な取組みをすることで「いい会社だね」といわれることは多いです。離職率も平均3％です。その離職理由についても後ろ向きなものではないことがほとんどです。

■今後について

当社の経営理念、使命である「すべては笑顔のために」の永続的な実現において、LGBTの理解浸透は必要不可欠な要素です。

またLGBTに限らず従業員・家族・お客様・取引先など、当社と関わりのあるメンバー全てが、自分らしく、ありのままでいきいきと過ごすことで、従業員満足度（ES）とお客様満足度（CS）の向上につながり、業績アップに通じます。これからもD&I施策の一つとしてLGBT施策も継続していきたいと考えています。

■これから取り組む企業へのメッセージ

「LGBTアライ企業と表明する」「施策を講じる」ことは費用をかけずに行えることがほとんどです。それにより企業イメージがアップし、内定者のエンゲージメントが得られました。

全ての従業員が自分らしく働ける環境を整備することは、離職率低下にもつながります。

できることから少しずつ今後も続けていきたいと考えております。

株式会社チェリオコーポレーション

創業年月日：昭和 36 年 8 月 1 日
資　本　金：8,000 万円
従 業 員 数：294 名（2019 年 12 月時点）
業 務 内 容：清涼飲料水の製造および販売
住　　　　所：〒 601-8141　京都府京都市南区上鳥羽卯ノ花 70-2

■経営理念　視点

「多様性」を重視した会社作りを目指し、多様なバックグラウンドを持った個々人が、特徴を生かした活躍のできる環境作りに取り組んでいます。

■取組みをしたきっかけ

経営層が東京レインボープライドの代表と親交があったことがきっかけで、2014 年から協賛等でかかわっていたことが一つの理由です。

また、社風として、国籍・性別・学歴など個人バックグラウンドに関係なく個性を発揮できる社会を目指すというものがあるため、LGBT に関しても取り組むことが自然という考えがありました。

■具体的な取組み内容

現在、東京レインボープライドだけではなく、全国のレインボープライドに協賛・出展をしています。レインボープライドへ参加する社員については、希望者を募集しています。

2014 年から 2017 年までは 5 名程度の総務・マーケティングなどの部門の社員が参加していましたが、2018 年以降は全国各地の営業所や製造部門の社員も含めて 25 名が参加をしました。

2019 年には全国 11 か所のレイ

ンボープライドに協賛・出展をして、社員の参加者数は全体で 200 名まで増えました。

この要因は、継続的な社内研修を行ったこと、毎月発行している社内報の中に「LGBT を知ってみよう」という連載をスタートしたことや参加した社員間での口コミが大きいです。

そして、2018 年 4 月から性自認・性的指向に関する差別の禁止、同性パートナーについても、育児休暇や介護休暇、慶弔見舞金、慶弔休暇、家族手当や住宅手当等が異性パートナーと同等に受けられるように改定しました。相談窓口の設置もし、社内報にも掲載しています。

■社内での取り組んだ効果

2016 年から会社全体に対して LGBT の認知度の無記名のアンケートを実施しています。その結果 2016 年には理解・浸透が 6 割程度でしたが、2019 年度には 9 割にまでなりました。

採用面では、2018 年から LGBT 専用の求人サイトからインタビューも受け、求人を掲載しました。これにより、実際に応募者があり、採用に至った社員もいます。

また、スペシャルパッケージとしてライフガードのレインボーボトルやレインボー缶を作成し、自社自動販売機で販売しました。

このスペシャルパッケージを開発するにあたり発案し携わった従業員は新人社員でした。社員と経営陣との距離も近く、商品開発の提案を新人もできる風土があります。

また、製造部も最新技術でのオリジナルボトル開発にとてもやりがいをもって取り組んでくれました。

■顧客や取引先の反応

「のんで CHANGE!」という、売り上げの一部を日本各地のプライドイベントにあてられる自動販売機サービスが誕生しました。

お客様や、地方都市に住む LGBT 当事者やアライの方から「嬉しい」「地元ではカミングアウトしていないので、いないこととされている気持ちでい

るけれど、このボトルのおかげで気持ちが明るくなった」等、嬉しいお声をいただきました。

　これからも多くの方に喜んでいただける商品やサービスを継続的に開発していきたいです

　また、長年のお付き合いのある取引先やオリジナル商品のラベルのデザインをしてくれた企業さんも、レインボープライドに遊びに来てくれています。

■働く当事者の意見

　LGBT の当事者だからということを何も意識せずに働ける環境はとてもうれしいし、自分の意見を出しやすいです。

　個人それぞれが違って当たり前という社会になってくれたらと思います。

■今後について

　チェリオグループの活動を通じ LGBT についても知ってもらえることを実感しました。

　社内での継続的な取組み、商品開発・社会貢献も含めできることから少しずつ取り組んでいきたいと思います。

■これから取り組む企業へのメッセージ

　取組みを始めた当初は社内の理解や浸透も少ない状況でした。予算もあるわけではなかったので、社内報や研修、イベント参加者の募集などできることから少しずつ始め、継続することが大切だと思います。

　採用面でも多様性に共感する人材が集まり、若手社員が商品開発や職場環境について自主的に考えるようになりました。

　多様化する社会のニーズにこたえる意味でも、多様性を受け入れる社内風土はとても効果があると思います。

ジョンソン・エンド・ジョンソン日本法人グループ

ジョンソン・エンド・ジョンソン株式会社（コンシューマー カンパニー、メディカル カンパニー、ビジョンケア カンパニー）、ヤンセンファーマ株式会社、エイエムオー・ジャパン株式会社、株式会社シーズ・ホールディングスで構成。

業務内容：トータルヘルスケアカンパニー

■生きた企業理念「我が信条（Our Credo）」

ジョンソン・エンド・ジョンソンには、全世界共通の企業理念、「我が信条（Our Credo）」があります。

この企業理念は、ビジネスにおいて意思決定をするときの主軸となり、世界中のグループ企業の共通言語のような役割を果たしています。

「我が信条」には、第一に顧客への責任、第二に社員への責任、第三に社会への責任、第四に株主への責任が記されています。顧客に対する責任を日々果たしているのが社員であり、その社員に対する会社の責任が明確にされています。そして、顧客と社員を取り巻く地域社会に対しても責任を果たしていくことで、結果として利益につながり、その利益を研究開発費などにあて、新製品の開発を手掛け、さらに顧客に貢献できるようになる（第一の責任に戻る）という循環ができています。この「我が信条」は経営層だけでなく全社員が理解し、遵守し、企業理念に沿った意思決定をしなければならないとされています。つまり、「我が信条」の第二の責任に明記されている、「社員の多様性と尊厳を尊重する」ということも、全ての社員が遵守し実践しなければならないことであるといえるでしょう。

ジョンソン・エンド・ジョンソンの「ダイバーシティ＆インクルージョン（Ｄ＆Ｉ）」は、この「我が信条（Our Credo）」に基づいた重要な戦略の１つとして位置づけられています。誰もが受け入れられ、安全だと感じられる環境が整っていれば、社員一人ひとりが最高のパフォーマンスを発揮でき、トータルヘルスケアカンパニーとして顧客への責任を果たすことができると

いう考え方に基づいて、Ｄ＆Ｉ文化の醸成・環境作りに全社を挙げて取組んでいます。

■経営上の重要な戦略のＤ＆Ｉ

「我が信条（Our Credo）」は 1943 年に発表されて以来、4 回の改定が行われており、75 周年の 2018 年の改定では、第二の社員への責任の中で、「男性・女性」というような特定のジェンダーの表記をなくし、「社員の多様性と尊厳の尊重」というすべての社員を包含できる表現に改定されています。

全世界で共通したＤ＆Ｉミッションは、「Ｄ＆Ｉを日常業務の中で実践すること」、ビジョンは「社員一人ひとりが個性的な経験やバックグラウンドを活かし、一丸となって、より良く、より健やかな社会を築くソリューションを展開すること」としています。このビジョン・ミッションに基づき、Ｄ＆Ｉ推進に向けて 3 つの柱となる戦略があります。

「インクルージョンとイノベーションの文化の推進」
「未来に向けて多様性に満ちた組織を築く」
「ビジネス成果とレピュテーションを高める」

Ｄ＆Ｉの推進は企業業績や利益への貢献にもつながるという考え方を広く浸透させ、理解をしてもらった上で日常業務においても納得性をもって企業理念とＤ＆Ｉに取り組めるよう、推進のためのプログラムを構築しています。

ジョンソン・エンド・ジョンソンにおけるＤ＆Ｉを推進する重要な要素として、特定のダイバーシティ領域に関する啓発等を行うエンプロイー・リソース・グループ（ERG と略される社員の自発的なグループ）、人事（HR）、経営層(マネジメント)の三者が連携し、全社員で取り組む社内体制があります。

日本でのERG は、女性の活躍をテーマとする「Women's Leadership & Inclusion（WLI）」、LGBT に関する理解啓発をテーマとする「Open & Out（O ＆O）」、障がいやメンタルヘルスなど様々な特性への理解啓発をテーマとする「Alliance for Diverse Abilities（ADA）」の 3 つのグループがあります。

■ LGBT に関する社内活動 「Open & Out（O＆O）」 田口周平さん

　「LGBT に対する偏見や誤解をなくし、誰もが自分らしくいられる職場環境を作りたい」そんな思いから、米国本社で行われていた活動を日本でも立ち上げ、2015 年 10 月に 8 名のメンバーから活動をスタートしました。

　立ち上げ当時は、参加者の多くが LGBT の当事者でしたが、2 年目以降アライの参加者も増えたことで規模が拡大し、2020 年現在 180 人以上のサポーターがいるグループへと成長を続けています。アライの参加率は約 80％となり、LGBT 当事者でなくても社内や日常生活の中にある差別や偏見に問題意識を感じるという考えが広がり、輪が広がりました。

　現在、O＆Oでは、20 人以上の企画運営メンバーが中心となって、社内外での活動を企画・運営しています。活動内容の中心は、LGBT に関する理解を深めるための情報提供や課題の共有、啓発活動などで、社員が常に最善を尽くせるようインクルーシブな文化をつくることを目的とし、社内外のコミュニティにおいて様々な取組みを行っています。

　社内での啓発の機会は大きく 2 つあります。1 つは年次で行う大規模な社内啓発カンファレンスです。O＆Oだけでなく WLI と ADA と合同で多角的な側面から D＆I を捉える機会を設けています。2019 年には、D＆I はビジネスマナーやビジネス用語と同じようにビジネスにおける必要な素養であるというメッセージを、お招きした専門家の皆さんと一緒にお伝えしました。経営陣をはじめ参加者からは、今まで気づかなかった新しい視点を得ることができた、目から鱗が落ちるようだった等、嬉しいフィードバックがありました。

　もう 1 つは、日本で独自開発したワークショップ形式のトレーニングプログラムです。2019 年から展開を始め、1 年間で 200 人以上が参加しました。このトレーニングは、継続的に日本全国の拠点で開催しています。見えづらい違いである LGBT に関する基礎的な

知識を学び、差別的な行動や偏見を減らすために何ができるか、参加者の社員がそれぞれの考えやアイディアをシェアすることで、「見えない違いを自分事として捉え、より良い振る舞いができるようになる」ことを目的としています。参加した社員からは、他の参加者の意見も聞くことで、行動の引き出しを増やすことができ、社内外でのコミュニケーションにも生かすことができたという声をもらっています。

　社外活動も積極的に行っています。公式スポンサーとして東京レインボープライドや九州レインボープライド、LGBT/ダイバーシティに注目した就職情報フォーラムである Rainbow Crossing Tokyo や JobRainbow への参画、work with Pride でのゴールドの継続的な受賞、他社や社外団体とのイベント共催等、幅広い活動を通じて、ジョンソン・エンド・ジョンソンがすべてのLGBT当事者にとって働きやすい会社であることを広めることも、重要な役割のひとつだと理解しています。

　また、ジョンソン・エンド・ジョンソンには、抗HIV薬を扱う部門があります。毎年12月1日の世界エイズデーにあわせ、その部門と共催で専門家を招いてHIVに対して理解を深める講演会を開催したり、ADAと共同で、

日本エイズ財団の行うチャリティイベントに参加したりと、O&Oの活動を通してビジネスに貢献できる機会も積極的に取り入れています。

　日本でO&Oを発足させて5年が経ち、日本だけでなくアジアパシフィック地域全体の統括も行うこととなりました。海外の状況に目を向けると、LGBTであることが罪となっている国も少なくありませんし、文化的な背景による葛藤もあります。ですが、私たち一人ひとりが行動を起こすことで世の中は

変わっていくのだという実感があります。LGBTについての正しい知識がさらに浸透すること、差別や偏見のない環境の重要性を理解することで、カミングアウトをしてもしなくても、誰もが取り残されない生きやすい社会になることを願っています。

■これからＤ＆Ｉに取り組む企業へのメッセージ

当社でＤ＆Ｉの考え方が浸透しやすいのは、倫理的な意思決定を基本とする企業理念「我が信条（Our Credo）」の重要な要素の１つとしてＤ＆Ｉが含まれているためです。無理難題を押しつけられているのではなく、すべての社員がＤ＆Ｉが大切なものであると理解するために、企業理念との結びつけがしっかり明示されているからといえるでしょう。

誰もが受け入れられていると感じられる職場環境は、経営層や管理職の決断や努力のみで実現できるものではありません。同僚や先輩後輩、すべての社員が行動を起こしてこそ実現できるものですから、推進する私たち含め、全社員が納得して取り組むことが最も重要です。

人事（HR）では、パートナーシップ証明書の発行、養子も含めた出産や育児のサポート、介護、病気など様々なライフイベントと両立できるような柔軟な働き方のできる制度の整備を行っています。誰もが受け入れられていると感じられる職場環境と、柔軟な働き方のできる制度の両面が機能することで、誰もが働きやすい職場環境につながると考えています。

また、Ｄ＆Ｉを推進することで、採用の場面で「LGBTフレンドリーとわかったからこの会社に応募した」という人が毎年増えています。社外にも積極的に発信をすることで、偏見や差別を受けずに自分らしく働きたいという思いを持つ優秀な方々からも選ばれる会社であることにも貢献できていると感じています。

このような活動をしていると、ついつい社内に目が向きがちですが、私たちの顧客も多様であるということは忘れてはいけないことだと思います。ニーズがどんどん多様化する日本の社会において、LGBTを含む幅広いＤ＆Ｉを推進することは社内だけではなく、社外に対しても貢献できる最優先の課題の１つとして今後も取り組んでいきたいと考えています。

KDDI 株式会社

創　　　業：1984 年（昭和 59 年）6 月 1 日
資　本　金：141,852 百万円
従 業 員 数：10,892 名（2020 年 3 月 31 日現在）
業 務 内 容：電気通信事業
本社所在地：〒 102-8460　東京都千代田区飯田橋 3 丁目 10 番 10 号
　　　　　　　　　　　ガーデンエアタワー

■ KDDI フィロソフィ

　「KDDI フィロソフィ」とは、企業理念に謳われた使命を果たしていくための価値観、行動規範を明らかにしたものです。社員一人ひとりが、各々の業務に真摯に取り組み、自己の責任を全うするための「価値観」「判断基準」として日々実践されています。

　その中に「ダイバーシティが基本」という項目があり、「性別、年齢、国籍、言語、障がいの有無、信仰、信条、性的指向、性自認など多種多様な個性や価値観、さらには肩書や組織の違いを超えて、互いを尊重し合い、オープンに意見交換ができる人間尊重の精神を大切にしている」ことが明記されています。

　これは従業員に一冊ずつ配布している手帳にも掲載されていて、共通の理念として制定されています。

　また、KDDI の SDGs の取り組み「KDDI Sustainable Actions」でも「多様性の尊重」を一つのテーマとしており、経営戦略の一環としてダイバーシティの推進に取り組んでいます。

■ダイバーシティ＆インクルージョン

　働くすべての人が活躍できる職場には、多様性が重要であるという認識のもと、性別や国籍、障がいなどの属性の多様性から、個性や個々の強みを重視し、違いを活かせる多様性や価値観を受容するインクルージョンへとステップアップしていきたいと考えています。

新人事制度では、このような多様性についてもキーワードにしており、働くすべての人がそれぞれの個性や個々の強みを活かし、活躍できることで会社の成長にも繋がると考えています。

　現在取り組んでいる個別のダイバーシティ施策には、女性活躍推進、エルダー・若手活躍推進、障がい者の活躍支援があります。

　女性活躍推進では、女性ライン長数の目標を立て登用することを推進しており、エルダーは熟達した社員の方への取り組みで、働き方の選択肢の拡大を、若手社員については若手向けのイベントに加えて、社内の各種活動と連携し勉強会等を実施しています。

　障がい者では、法定雇用率の達成、情報保障対応や合理的配慮相談の他、「障がい者雇用の新しいモデル確立」を目指す企業20数社が集まるACE（一般社団法人アクセシビリティ・コンソーシアム）に参画し、「企業の成長に資する新たな障がい者雇用モデルの確立」の観点から、ロールモデルとなる社員を表彰するACEアワードにて2020年現在、過去3名がグランプリを受賞しています。また、障がいのある方の雇用促進と安定を図るために設立された会社である特例子会社を作り、事業所内カフェ、リフレッシュルーム運営などを行っています。

　このようなさまざまな取り組みの一つとして、LGBTの施策にも取り組んでいます。

■LGBT 施策

　2013年2月にある社員から社内のカウンセラーのいる組織に寄せられた「自認する性で働きたい」との相談がきっかけとなり、当社のLGBT施策が

始まりました。まず、人事の責任者に正しい知識を持ってもらうためのセミナーを開催しました。そして、産業医や主治医に対して医学的側面から配慮すべき事項のヒアリングや、実行して取り組んでいる他社の情報収集を行いました。また、相談者の上司に対して

も、人事部長同席の元、一緒に説明をし、個別に対応をしました。

　その後の社内での取り組みは、社会の動きも捉えつつ、社員の声を大切にしながら進めています。

　2014 年度からは、全社員向けの e-learning を実施しています。ちょうどその頃は、海外での同性婚の法制化の動きが活発化したころでした。実施当初、『LGBT の意味を知っていましたか？』いう問いに対して、『はい』と答えたのは約 25 ％でしたが、1 年後には 75 ％、そして、2020 年度には 98 ％まで増加しました。

　2016 年度には、就職時のエントリーシートから性別の記載を廃止、2017 年度には、社内規程上同性パートナーを配偶者として取り扱うよう配偶者の定義を変更しました。これらは、社内の当事者間のネットワークが広がる中での希望の声もあり、LGBT 当事者を含めたすべての従業員が将来に渡って、活き活きと働くことが出来る環境を作ることが目的でした。また、2015 年に渋谷区のパートナーシップ制度ができたことを皮切りに日本国内で意識が変化し始めたことも反映しています。

　2018 年度には、日本最大級の LGBTQ イベント東京レインボープライドのパレードに社員有志で参加しました。この他、企業と LGBTQ に関するカンファレンス「work with Pride」の評価指標「PRIDE 指標」では最高位のゴールドを 2016 年度から連続で受賞しています。

　そして、2020 年度には大きく 2 つの変化がありました。

　一つ目は、ファミリーシップ申請の創設です。これは、同性パートナー申請をしている当事者の社員から将来的に子供を持ちたいという相談を受けたことがきっかけで導入しました。

　ファミリーシップ申請では、社員に親権がない場合であっても、法律上の制約がある場合を除き、社内制度上の「子」として家族同様に扱うこととしました。例えば、手当、祝い金、休暇、海外赴任時の保険適用等、会社が対

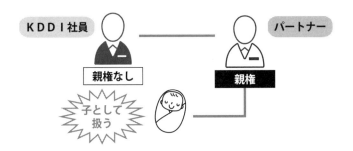

応できる範囲で適用対象とし、運用フローや社内システムも含めて全て整備しました。

　この「ファミリーシップ申請」という名前には、日本ではまだ同性婚が法制化されていないが、会社としては、同性間でも家族として認めていることを表したいという思いが込められています。

　当事者からは、「子供を授かりたいという単なる理想でしかなかった思いが、制度ができたことで本当に実現できそうだという実感が湧いてきた。そういう道筋が作られたことで、また一歩背中を押してもらえた。」との声が寄せられています。

　二つ目として、2014 年より継続的に行ってきた e-learning による啓発を、6 月に行いました。これは、2020 年 6 月に施行されたパワハラ防止法の企業の義務に SOGI ハラ、アウティングの防止も義務付けられたことを受け、これらをしっかりと伝えていくことを目的として行いました。

■担当者が気を付けていること

　LGBT に限らずダイバーシティ全般にいえることですが、マイノリティの支援という気持ちではなく、同じ目線でフラットになれるような環境を整えたいとの思いを込めています。会社が活き活き働く環境を提供することで、社員は生産性を上げ、よりアウトプットを出すことが実現します。

　実際、同性パートナーシップを使っている社員からは、パートナーを家族として扱ってもらえることが嬉しく、エンゲージメントが高まったという声も聞こえています。

　当事者の声が上がってこない場合でも、制度や相談窓口を整備することは有効だと考えます。すぐには使われなくても、制度があることによりLGBTの理解浸透にメリットがあります。実際、「ファミリーシップ申請」は、現時点で利用している人はいませんが、自社にもニーズがあることを社員に意識づけ、支援する会社の姿勢を伝えることに役立っています。

　「当事者がいないから着手しない」ではなく、先行して出来ることから少しずつ進めていく会社の姿勢が、カミングアウトできずに悩んでいる当事者社員を救う一助になるかもしれません。

　今後は、ALLYを増やすことに向けた取り組みを拡充していき、当事者だけではないLGBTフレンドリーなコミュニティを作ることで、当事者以外の全ての社員にとっても働きやすくなるような環境を推進したいと考えています。

■これからD&I,LGBT施策に取り組む企業へのメッセージ

　LGBTだけでなく、一人一人が事情を抱えて働いている中で、最大限能力を発揮してもらうために、会社ができることは何か？を考えて、社員の声を聴いてみることが大切なのではないでしょうか。

　昨今注目されている、SDGsの「誰一人取り残されない世界の実現」の理念とも密接な関わりがあり、未来に向けて様々な企業で取り組んでいくべき課題だと認識しています。

　多様な人が集まることによって、均一な社会では見えなかったことが見えるようになり、"違い"が世の中に彩を加えていく…そんな社会の実現を目指して、多くの企業の皆様と連携しながら、一緒に取り組んでいきたいと思います。

謝　辞

　本書執筆にあたり、私にジェンダーとセクシュアリティに関する新しい知見を与えてくださった共著者の長谷川博史さんの著書「熊夫人の告白」の一部をご紹介します。

　世間様は、時として常識や道徳という、一見もっともな屁理屈で都合の良いセックス観を他人に押し付けてくるものでございます。その矛先は何も私達ゲイばかりではなく、時として女性や若者にも向けられるのでございます。
　たとえば「母親の愛は尊い」だの、「良妻賢母」だの、「貞淑な妻」だのという誰もが反論しにくい一見綺麗な言葉は、女性がセックスの場面での自立することをかたくなに拒みますわ。そのような聞こえのいい言葉ほどその裏に隠された悪意に気を付けなければいけませんの。
　(中略)
　女性は「貞淑な妻」や「優しい母」を演じていれば波風も立たず平穏無事に"幸せな家庭"という夢を実現できるかもしれません。ゲイも世間様の殿方のように結婚し、セックスと仕事を家庭に持ち込まずひたすら仕事をし"一人前の男"の振りをして生きていくことも可能でございます。
　若者も大人に逆らわずオリコウさんにしていれば大した問題になりません。でも、ちょっと気に食わない行動をとる若者にはセックスのことをきちんと教えもしない自分たちの責任を棚上げにして若者を責めるだけ。これって、援交を自分から持ち掛けておいてお金を払う段になると説教するおやじそのものじゃございませんこと？

（「熊夫人の告白」ベアリーヌ・ド・ピンク／長谷川博史より）

　これを読んで、一人の女性として生きていくときにどこかに抱えていた"こうあるべき"という重荷から解放されたように感じたと同時に、社労士として、ハラスメント問題の根っこにある無意識の偏見を考えさせられました。

私の恩師でもある長谷川博史さん、そして LGBT だけでなく全ての多様性に対して広い視野をもって前向きに解決に導く内田和利弁護士。

　お二人と執筆ができたことに心より感謝いたします。

　さらに本書執筆にあたり、たくさんの方々にご協力をいただきました。この場を借りて、心より御礼申し上げます。

　特に貴重な体験を通じて、労務管理にいかせる視点をコラムとして執筆くださった初代ミスターゲイジャパンの SHOGO さん、星野俊樹さん、五十嵐ゆりさん、おおばやしあやさん、私たち３人の似顔絵のイラストを描いてくださった大澤真琴さん、快く推薦文をお引き受けくださった増原ひろこさんに感謝申し上げます。

　インタビューに快くご協力してくださったエス・エー・エス株式会社、株式会社チェリオコーポレーション、ジョンソン・エンド・ジョンソン株式会社、株式会社 KDDI のご担当者の皆様、本当にありがとうございました。

　共通点として、企業規模や業種に関わらず、性別、世代を超えて従業員一人一人の声に耳を傾ける姿がとても印象的です。

　最後になりますが、株式会社労働新聞社の伊藤正和様をはじめ関係者の皆様に心より御礼申し上げます。

　本書が、すべての人が働きやすい労務環境作りにお役に立てれば幸いです。

手島 美衣

LGBT 基礎用語

LGBT

　レズビアン（Lesbian：女性同性愛者）、ゲイ（Gay：男性同性愛者）、バイセクシュアル（Bisexual：両性愛者）、トランスジェンダー（Transgender：性別越境者）の頭文字から付けられた性的少数者の総称。

　その他のセクシュアルマイノリティを含めて、LGBT ｓ 、LGBTQ、LGBTQ ＋などと表記することもある。

ソジ（SOGI）

　Sexual Orientation, Gender Identity の略で、ソジと読む。

　性的指向（Sexual Orientation）＝恋愛や性愛の対象、性自認（Gender Identity）＝自分自身の性別をどう認識しているかを指す。LGBT に限らず、異性愛者を含むすべての人が持つ要素。

SOGI ハラ

　SOGI に関するハラスメントのことで、LGBT だけでなく女性差別や男性差別に関する言動も含まれる。

アライ（Ally）

　英語の同盟や支援を意味する Ally が語源とする言葉。LGBT を理解し、支援する意思のある人のことを指す。

カミングアウト

　自分のセクシュアリティを相手に伝えること。元来は、社会に対して、自分のセクシュアリティを公にすることを示していた。

アウティング

カミングアウトを受けた人が、本人の同意なくそのセクシュアリティを他言すること。

ヘテロセクシュアル（Heterosexual）

性的指向が異性に向かう人のこと。

シスジェンダー（Cisgender）

出生時の性別と自認する性が一致している人。

アセクシュアル（A-sexual）

他者に性的魅力を感じない状態や人のこと。

Xジェンダー（X gender）

自分を男女の枠に当てはめたく無い状態や人のこと。

フルイド（Fluid）

セクシュアリティが流動的に変化する状態のこと。

クエスチョニング（Questioning）

性別が不明あるいは意図的に未決定の人。

クイア（Queer）

性的少数者全体を示す言葉。

東京レインボープライド

東京で開催されるLGBTとその支援者による性の多様性を祝福するイベント。レインボープライドは東京をはじめ全国各地で開催されている。

参考資料

【書籍等】

ベアリーヌ・ド・ピンク / 長谷川博史『熊夫人の告白』（2005.2.18　ポット出版）

谷口洋幸・齊藤笑美子・大島梨沙編著『性的マイノリティ判例解説』（2011.11.30　㈱信山社）

東京都社会保険労務士会『ダイバーシティマネジメントの実践 豊富な事例で学ぶ、多様な雇用の実際』（2015.3.13　㈱労働新聞社）

松中権『LGBT 初級講座 まずは、ゲイの友達をつくりなさい』（2015.5.20　講談社）

柳沢正和・村木真紀・後藤純一著『職場の LGBT 読本』（2015.8.5　㈱実務教育出版）

服部英次著『タブーの労務管理』（2015.11.9　㈱労働新聞社）

大阪弁護士会人権擁護委員会性的指向と性自認に関するプロジェクトチーム著『LGBTs の法律問題Q＆A』（2016.6.14　弁護士会館ブックセンター出版部 LABO）

LGBT 支援法律家ネットワーク出版プロジェクト編著『セクシュアル・マイノリティQ＆A』（2016. 7.30　㈱弘文堂）

東京弁護士会性の平等に関する委員会セクシュアル・マイノリティプロジェクトチーム編『セクシュアル・マイノリティの法律相談』（2016.12.20　㈱ぎょうせい）

東京弁護士会 LGBT 法務研究部編著『LGBT 法律相談対応ガイド』（2017.2.25　第一法規㈱）

四元正弘・千羽ひとみ『ダイバーシティとマーケティング〜 LGBT の事例から理解する新しい企業戦略』（2017.3.1　㈱宣伝会議）

谷口洋幸・綾部六郎・池田弘乃編著『セクシュアリティと法−身体・社会・言説との交錯』（2017.10.1　㈱法律文化社）

社労士就業規則実践研究会『企業実務に即したモデル社内規程と運用のポイント』（2018.2.15　初版第２刷　㈱労働新聞社）

東優子・虹色ダイバーシティ・ReBit 著『トランスジェンダーと職場環境ハンドブック』（2018.4.10　日本能率マネジメントセンター）

森永貴彦『LGBT を知る』（2018.4.13　日本経済新聞社）

岡部鈴『総務部長はトランスジェンダー　父として、女として』（2018.6.20　㈱文藝春秋）

水谷英夫『第 3 版 予防・解決 職場のパワハラ セクハラ メンタルヘルス』（2018.6.28　日本加除出版㈱）

SR LGBT & Allies 著『正しく知って考えよう！ LGBTs と職場環境』（2018.11.1　SR LGBT&Allies）

弁護士法人東京表参道法律事務所編著『ケーススタディ 職場の LGBT』（2018.11.20　ぎょうせい）

鈴木孝嗣『外資系企業で働く－人事から見た日本企業との違いと生き抜く知恵』（2018.11.27　㈱労働新聞社）

石田仁『はじめて学ぶ LGBT 基礎からトレンドまで』（2019.2.1　ナツメ社）

西村あさひ法律事務所労働法グループ『和文・英文対照 モデル就業規則（第 3 版）』

（2019.2.1　㈱中央経済社）

小島慶子『さよなら！ハラスメント－自分と社会を変える 11 の知恵』（2019.2.25　㈱晶文社）

虹色ダイバーシティ『職場における LGBT・SOGI 入門』（2019.3.1　特定非営利活動法人虹色ダイバーシティ）

LGBT 法連合会『性自認および性的志向の困難解決に向けた支援マニュアルガイドライン』（第 2 版）（2019.3.31　一般社団法人社会的包摂サポートセンター）

藥師実芳・笹原千奈未・古堂達也・小川奈津己『LGBT ってなんだろう？－自認する性・からだの性・好きになる性・表現する性』（2019.5.15　改訂新版第 1 刷発行合同出版㈱）

渡辺大輔『マンガワークシートで学ぶ多様な性と生 ジェンダー・LGBTQ・家族・自分について考える』（2019.5.18　子どもの未来社）

遠藤源樹『選択制 がん罹患社員用就業規則標準フォーマットー がん時代の働き方改革―』（2019.5.24　㈱労働新聞社）

LGBT 法連合会『日本と世界の LGBT の現状と課題―SOGI と人権を考える』（2019.6.1　㈱社かもがわ出版）

岩崎仁弥・森紀男『第 7 訂版 リスク回避型 就業規則・諸規程作成マニュアル』（2019.6.20　日本法令）

「なくそう！ SOGI ハラ」実行委員会編者『はじめよう！ SOGI ハラのない学校・職場

づくり』（2019.7.12　㈱大月書店）

三成美保編著『LGBTI の雇用と労働』（2019.7.20　㈱晃洋書房）

村本浩他『2019 年 5 月成立のパワハラ対策法に対応！事例で学ぶ パワハラ防止・対応の実務解説と Q&A』（2019.7.30　㈱労働新聞社）

水町勇一郎著『詳解労働法』（2019.9.25　一般財団法人東京大学出版会）

谷口洋幸編著『LGBT をめぐる法と社会』（2019.10.31　日本加除出版㈱）

帯刀康一編著『知らないでは済まされない！LGBT 実務対応Ｑ＆Ａ』（2019.12.21　㈱社民事法研究会）

LGBT とアライのための法律家ネットワーク著『法律家が教える LGBT フレンドリーな職場づくりガイド』（2019.12.27　㈱法研）

千葉博『職場のハラスメント【セクハラ・パワハラ・マタハラ】の法律と対策』（2019.12.30　㈱三修社）

向井蘭『管理職のためのハラスメント予防＆対応ブックートラブルを防ぐポイントを、まんがとイラストでわかりやすく』（2020. 2.12　ダイヤモンド社）

星賢人著『自分らしく働く LGBT の就活・転職の不安が解消する本』（2020.3.16　㈱翔泳社）

神谷悠一・松岡宗嗣著『LGBT とハラスメント』（2020.7.22　㈱集英社）

【行政資料等】

厚生労働省
事業主の皆さん　職場のセクシュアルハラスメント対策はあなたの義務です !!
https://www.mhlw.go.jp/general/seido/koyou/danjokintou/dl/120120_01.pdf

厚生労働省
パワーハラスメント対策導入マニュアル　第 4 版
https://www.no-harassment.mhlw.go.jp/pdf/pwhr2019_manual.pdf

厚生労働省
公正な採用選考を目指して
https://www.mhlw.go.jp/www2/topics/topics/saiyo/dl/saiyo-01.pdf

厚生労働省
平成 30 年版　労働経済の分析─働き方の多様化に応じた人材育成の在り方について─
https://www.mhlw.go.jp/wp/hakusyo/roudou/18/dl/18-1.pdf

厚生労働省
令和元年版　労働経済の分析－人手不足の下での「働き方」をめぐる課題について－
https://www.mhlw.go.jp/wp/hakusyo/roudou/19/dl/19-1.pdf

厚生労働省
労働者の心身の状態に関する情報の適正な取扱いのために事業者が講ずべき措置に関
　する指針
https://www.mhlw.go.jp/content/11303000/000343667.pdf

厚生労働省
新規 HIV 感染者・AIDS 患者報告数の年次推移
https://www.mhlw.go.jp/file/05-Shingikai-10601000-Daijinkanboukouseikagakuka-
Kouseikagakuka/0000203808.pdf

平成 28 年度　厚生労働省委託事業 職場のパワーハラスメントに関する実態調査報告書
https://www.mhlw.go.jp/file/06-Seisakujouhou-11200000-
　Roudoukijunkyoku/0000165752.pdf

令和元年度　厚生労働省委託事業 職場におけるダイバーシティ推進事業報告書
https://www.mhlw.go.jp/content/000673032.pdf

外務省
持続可能な開発目標（SDGs）と日本の取組
https://www.mofa.go.jp/mofaj/gaiko/oda/sdgs/effort/index.html

個人情報保護委員会
個人情報の保護に関する法律についてのガイドライン
https://www.ppc.go.jp/files/pdf/guidelines01.pdf

日本労働組合総連合会
性的指向及び性自認（SOGI）に関する差別禁止に向けた取り組みガイドライン～すべ
　ての人の対等・平等、人権の尊重のために～
https://www.jtuc-rengo.or.jp/activity/gender/lgbtsogi/data/SOGI_
　guideline20190805.pdf?6047

日本労働組合総連合会
ハラスメント対策関連法を職場に生かす取り組みガイドライン～あらゆるハラスメン
　トの根絶に向けて～
http://www.jfu.or.jp/sinchaku/data/5_guideline_2020.pdf

第二東京弁護士会
ジェンダーバイアスとは
https://niben.jp/niben/iinkai/gender/gender-bias/

NPO 法人 EMA 日本
世界の同性婚
http://emajapan.org/promssm/world

電通デザイン・ラボ
「LGBT 調査」
https://www.dentsu.co.jp/news/release/pdf-cms/2019002-0110.pdf

NHK
LGBT 当事者アンケート調査　〜 2600 人の声から〜
https://www.nhk.or.jp/d-navi/link/lgbt/

ヨミドクター
永井至文　第 33 回　同性愛の脱病理化　2016.2.18
https://yomidr.yomiuri.co.jp/article/20160218-OYTET50047/?catname=archives_
　nijiirohyakuwa

DSDs：体の性の様々な発達について
https://www.nexdsd.com/dsd

work with Pride
https://workwithpride.jp/

特定非営利活動団体ぷれいす東京「職場と HIV/ エイズ」
https://chiiki-shien.jp/image/pdf/HIV_sien_guidebook_2015.pdf

東京都福祉保健局「職場と HIV/ エイズハンドブック」
work_and_hiv_handbook_employee.pdf(tokyo.lg.jp)

エイズ予防情報ネット　API ネット
https://api-net.jfap.or.jp/index.html

社会保険労務士法人　大野事務所
https://www.ohno-jimusho.co.jp/

著者プロフィール

手島　美衣

社会保険労務士

手島社会保険労務士事務所　代表

東京都社会保険労務士会所属

　大学卒業後、企業での総務、社会保険労務士事務所、外資系企業での秘書業務に従事後、2017 年に開業。労務に関する各種手続きや就業規則作成の他、ダイバーシティ施策も含む労務相談業務を行う。

内田　和利

弁護士

こすぎ法律事務所パートナー

神奈川県弁護士会所属

　大学卒業後、弁護士登録をし、2013 年に開業。LGBT 支援法律家ネットワーク、LGBT とアライのための法律家ネットワーク所属。当事者からの法律相談を受けるとともに、企業や大学などで LGBTに関する研修・講演を行う。

長谷川　博史

　大学卒業後、広告代理店、出版社勤務を経てフリーランスの雑誌編集者、プランナーに。1992 年、HIV 感染を知り、1993 年に患者会活動、講演活動を開始。ゲイ雑誌『バディ』創刊企画プロデュース。ゲイ雑誌『ジーメン』創刊、編集長。2002 年「日本 HIV 陽性者ネットワーク・ジャンププラス」（JaNP ＋）を設立。

　著書に「熊夫人の告白」（ポット出版）があり、さらに「生と性が交錯する街　新宿二丁目」（角川新書）その他インタビュー記事多数。

　女優東ちづるさんプロデュース映画「私はワタシ」にメインの語り手として出演・監修。

コラム著者プロフィール

初代ミスター・ゲイ・ジャパン　SHOGO

　埼玉県生まれの埼玉育ち。16歳の時に高校を辞め、単身オーストラリアに留学。ブリスベンにある公立高校卒業後、クイーンズランド州立工科大学教育学部に進学し、教員免許を取得。オーストラリアと日本の高等学校で教師をする傍ら、初代ミスター・ゲイ・ジャパンとして日本国内のNGOsと協力し、HIV/AIDS、性感染症の予防および治療のサポート活動、性教育の授業や講演、居場所作り等の取組みをしている。

五十嵐　ゆり

　1973年東京生まれ。2012年LGBT支援団体としてRainbow Soupを発足。2015年3月にNPO法人化し、代表に就任、レズビアンであることを公表。2015年7月、アメリカ国務省主催のLGBTプログラム研修生に選抜。SOGIE/LGBTに関する講師・コンサル・相談業務を展開するレインボーノッツ合同会社代表。筑紫女学園大学非常勤講師。一般社団法
人LGBT法連合会理事。企業・自治体・学校などで研修、講演実績多数。

星野　俊樹

1977年、兵庫県生まれ。私立桐朋小学校教諭。慶應義塾大学総合政策学部を卒業後、出版社に就職し、雑誌編集者を経て小学校教員に転職。東京都の教員として公立小学校に勤務した後、桐朋小学校の教員として着任し現職。ジェンダーやセクシュアリティについての実践「生と性の授業」（Buzzfeed https://www.buzzfeed.com/jp/rumiyamazaki/life-and-sex-class）が大きな反響を呼んだ。包括的性教育と社会的公正教育に関心がある。

おおばやし　あや

1980年生まれ。一般社団法人ウェルビーイングコミュニケーションラボラトリー代表理事。会社勤務を経て「社会や組織の中で人が幸せに働くには？」を探るため、幸福度世界一の国フィンランドの専門大学でソーシャルサービスを5年間学ぶ。在学中に人の個性を活かしチーム力を高める対話カードツール「Cx3BOOSTER® シースリーブースター」を開発し2国で起業、帰国後はウェルビーイング・コミュニケーション・ダイバーシティを軸にしたオーダーメイド研修提供や、「ソジテツ」など多様性を本当に活かすための対話ツール開発、メソッド研究を行う。

LGBT と労務

2021年 4月20日　初版
2022年 3月18日　初版2刷

著　　者　手島 美衣　　内田 和利　　長谷川 博史

発 行 所　株式会社労働新聞社
　　　　　〒173-0022　東京都板橋区仲町 29-9
　　　　　TEL：03-5926-6888（出版）　03-3956-3151（代表）
　　　　　FAX：03-5926-3180（出版）　03-3956-1611（代表）
　　　　　https://www.rodo.co.jp　　　pub@rodo.co.jp
イラスト　ラクガキヤ　大澤 真琴
表　　紙　尾﨑 篤史
印　　刷　モリモト印刷株式会社

ISBN 978-4-89761-856-2

私たちは、働くルールに関する情報を発信し、
経済社会の発展と豊かな職業生活の実現に貢献します。

労働新聞社の定期刊行物のご案内